国家中等职业教育改革发展示范学校建设成果教材

学前教育专业
简笔画基础教程

莫树桥　主编

科学出版社

北京

内 容 简 介

　　本书是国家中等职业教育改革发展示范学校建设成果教材。作为学前教育专业简笔画基础教程，本书在内容上涵盖了学前教育专业所需的简笔画基础知识和基本技法训练。全书共分为九章，分别为简笔画概述、简笔画工具材料和表现技法、生活用品简笔画、花卉树木简笔画、交通工具简笔画、风景简笔画、动物简笔画、人物简笔画以及简笔画创编。每章除基础知识和表现技法的讲解外，还提供了各类简笔画训练以及作品范例以供读者学习参考。

　　本书可作为中等职业学校学前教育专业的教学用书，同时也可以作为学前儿童家长的美术学习参考书。

图书在版编目(CIP)数据

　　学前教育专业简笔画基础教程 / 莫树桥主编. —北京：科学出版社，2016
　（国家中等职业教育改革发展示范学校建设成果教材）
　　ISBN 978-7-03-047088-1

　　Ⅰ. ①学… Ⅱ. ①莫… Ⅲ. ①学前教育－简笔画－绘画技法－中等专业学校－教材 Ⅳ. ① G613.6

　　中国版本图书馆 CIP 数据核字（2016）第014344号

责任编辑：赵姗姗/ 责任校对：刘玉靖
责任印制：吕春珉/ 封面设计：鑫联必升

科 学 出 版 社 出版
北京东黄城根北街16号
邮政编码：100717
http://www.sciencep.com

北京中科印刷有限公司 印刷
科学出版社发行　　各地新华书店经销
*

2016年1月第 一 版　　开本：787×1092　1/16
2019年8月第四次印刷　　印张：7 1/2
字数：163 020

定价：38.00 元
（如有印装质量问题，我社负责调换〈中科〉）

销售部电话 010-62136131　编辑部电话 010-62130750

南宁市第四职业技术学校
国家中等职业教育改革发展示范学校建设成果教材
编审委员会

本书编写人员名单

主　编　莫树桥

副主编　李茂存

参　编　邓进昌　谢春锋　廖冬玲　陈积裕

　　　　庞　智　钟俊雯　赖梦滢　胡　明

　　　　吴芃叶

前　言

　　为进一步提高中等职业学校学前教育专业学生的美术专业技能，使学生的学习效果能达到相应的岗位能力，我们编写了这本《学前教育专业简笔画基础教程》，其目的在于增加学生实践练习的机会，将所学的美术知识通过训练环节变成自身的操作体验，解决学习和应用的衔接问题。本书图例直观、清晰，专业实用性、针对性强，便于掌握和操作。

　　"简笔画"课程不是纯理论性课程，其核心是解决实践的问题。在教学中一定要结合学生的实际水平和幼儿园工作的要求，安排案例教学和实践操作活动，组织学生进行简笔画基本训练以及简笔画创编练习，培养学生的实际应用能力，使学生毕业后能胜任幼儿园的美术教学、环境布置等实际工作。教学形式应以教师讲授为基础，同时组织小组创编活动和个别指导与之相配合。

　　本书共分为九章。第一章为简笔画概述，从简笔画的概念、特点、造型原则、造型方法、绘画要求等方面展开讲解，希望读者从宏观层面对简笔画有基本的了解。第二章为简笔画工具材料和表现技法，分别讲述了彩色铅笔、彩色水笔、油画棒、黑板、刮画等不同工具在简笔画创作中的使用以及各自特点和表现手法。第三章至第八章则分别通过对日常用品、花卉树木、交通工具、风景、动物、人物等内容的简笔画作画步骤和表现手法进行讲解，力求全面地展示各类简笔画的造型特点和创作方法。第九章为简笔画创编，通过案例向读者直观展示了简笔画创编的过程以及注意事项。特别提出的是，本书设有"练一练"和"实训练习"，读者可以举一反三，根据书中的基本知识和基本技法，自行创作简笔画作品。

　　在使用本书时，教师需讲清楚知识要点和训练要领，强调重点、难点以及解决方法。学生在课上可按照要求进行学习，也可依据个人兴趣进行探究性的自学。

　　本书由莫树桥主编，李茂存副主编，邓进昌、谢春锋、廖冬玲、陈积裕、庞智、钟俊雯、赖梦滢共同参与编写。全书编写分工为：第一章由莫树桥编写，第二章由谢春锋编写，第三章由李茂存、庞智编写，第四章由莫树桥、赖梦滢编写，第五章由莫树桥、陈积裕编写，第六章由莫树桥编写，第七章由邓进昌、莫树桥编写，第八章由莫树桥、钟俊雯编写，第九章由李茂存、廖冬玲编写，莫树桥负责全书的统稿工作。

　　须说明的是，本书的大部分范例作品由编者所在学校的师生提供，少量作品来源于网络。在此向提供作品的师生表示感谢，向作品的作者致谢。由于编者水平有限，书中难免出现疏漏错误，敬请广大读者批评指正。

编　者

目　录

第 一 章

简笔画概述

简笔画是学前教育专业美术学习的一个重要内容，也是幼儿教师必须掌握的基本功之一。它在培养幼儿的造型能力、形象思维能力、创造能力等方面的作用是其他课程无法替代的，在幼儿教育教学中发挥着非常重要的作用。因此，简笔画是学前专业的学生必修的一门重要课程，作为一名合格的幼儿教师，必须了解和掌握简笔画。

一、简笔画的概念

简笔画是用简洁洗练的笔法，简略概括地勾画出物象的基本形状和主要特征，简明扼要地表情达意的绘画形式，即运用最简练的线条和平面形快速概括地画出物象的基本形状和主要特征。也就是运用直线、曲线等最简单的线条和方形、圆形、三角形、方体、柱体、锥体等最基本的形体来表现自然界中复杂的物体形象，抓住所描绘对象的外部特征、动态特征以及神态表情，通过概括、提炼、夸张、拟人等手法去表现对象，使所描绘的对象更为生动和更富于美感，如图 1-1 ～ 图 1-4 所示。

图 1-1　线条和基本形

图 1-2　方体、柱体、锥体

图 1-3　概括、提炼

图 1-4　拟人

二、简笔画的特点

　　简笔画不同于其他画种，它有自己独特的特点，这是由它所使用的工具所决定的。简笔画所使用的工具有我们常用的铅笔、钢笔等，这些工具决定了简笔画表现的形式，适于用线条和简单的几何块面去表现，这就是简笔画的特点，使用简单的线条和图形概括、夸张表现对象，使对象更为生动、简练、富于幽默感，更好地训练和发挥我们的想象力，提高对美好事物的感受力。简笔画具有用笔简练、形象概括、快捷作画、应用简便等突出特点；它一挥而就，一目了然，易识易懂，好学好记。体现简笔画特点的图例如图 1-5 所示。

图 1-5　体现简笔画特点的图例

三、简笔画的造型原则

　　根据简笔画的特点，可以将简笔画的造型原则归纳为简洁性、可识性、生动性和快捷性四个方面，如图 1-6 所示。

　　1. 简洁性

　　"简"是简笔画最主要、最关键的一个原则。"形简"是简笔画区别于其他绘画形式的主要特点，所以造型简洁是简笔画首先要考虑的原则。

　　2. 可识性

　　可识性是简笔画造型的又一个重要原则。只有画得"像"，人们才能看得懂，即所表达出的形象要抓住对象特征，使其形象鲜明，生动传神。在塑造形象时可以适当运用夸张、变化、装饰等手法，使形象表现得更加惟妙惟肖。

图 1-6　简笔画造型原则图例

3. 生动性

生动性是为了使简笔画在形体简单明了的同时，表达得更生动活泼、趣味横生。正由于其有好的表现力，才为人们所喜爱。夸张变形、漫画造型、拟人借代，都是简笔画常用的形象语言和表现方式。

4. 快捷性

作画快捷、一挥而就是简笔画又一个重要原则，它的目的是为了应用。因此，在设计简笔画时会使用符号，尽量用最少的符号表达出最优化的形式效果。同时还要安排最简便、最合理的运笔程序，尽量运笔流畅自如，画起来更得心应手，快速敏捷。

四、简笔画的造型方法

1. 概括画法

所谓概括画法，就是将物象复杂、繁乱的结构和造型进行提炼、修整，抓住主要的结构和造型进行表现的一种方法，也叫"省略画法"。

2. 夸张画法

夸张画法是极具艺术感和艺术表现力的一种造型方法，是简笔画中最常用、最有效果的一种表现方法。它是将物象结构和造型中的整体特征或是局部特征进行强化表现的一种方法。即大的结构和造型在简笔画中画得更大，小的画得更小，长的画得更长，胖的画得更胖，等等。这一造型方法，可使所表现的形象更加可爱、生动、灵活，更具有艺术表现力和艺术感染力。

3. 拟人画法

所谓拟人画法就是将简笔画中要表现的不具有人物动态和表情的静物、植物、动物形象，进行概括、夸张、变形后，赋予它们人物的动态和表情的画法。

体现概括、夸张、拟人画法的图例如图1-7所示。

图1-7　简笔画造型方法图例

五、简笔画的绘画要求

1. 线条粗细匀称

简笔画是用线条造型的，线条没有粗细和头大尾小等复杂的变化，相对匀称的线条造型，更显得简笔画形象的简洁性和装饰性，如图1-8所示。

图1-8　线条匀称、流畅、简洁

2. 线条流畅简洁

流畅的线条才能体现快捷作画的特点和线条本身的美感，线条相连不要前面突头后面超出，这样不但线条不够简洁，还会破坏基本形的表现。

3. 色彩明快鲜亮

简笔画色彩多为纯色平涂，一个形象结构平面上有时也作多色混接、重叠或渐变，但色彩要明快鲜亮，如图 1-9 所示。

图 1-9　色彩明快鲜亮

六、简笔画的应用

1）简笔画是开发儿童智力的一名"不说话的老师"。因为它有意或无意地使儿童的分析、概括、推理、记忆、想象等思维过程得到训练，在眼、脑、手的密切配合、协调并用的过程中，锻炼和提高了孩子的观察力、思维力和表现能力。

2）教学工作应用。简笔画是教师教学的直观化手段之一。在教师的课堂演示中，简笔画可以尽快地、形象地传达出教学内容，是教师教学基本功之一。简笔画在教学中的应用如图 1-10 所示。

3）学习与生活应用。简笔画可以记录学习与生活内容，形象地传情达意，如图 1-11 所示。

七、简笔画训练内容

1）基本图形的造型简化：强调手、眼、脑的统一，从临写、改写、写生、默写逐步达到自己设计的能力。

图 1-10　教学工作应用

图 1-11　学习与生活应用

2）学习与生活应用：记录学习与生活内容，形象地传情达意。

3）教学工作应用：强调与学前教学内容有机结合，研究简笔画在学前各科教学中的使用规律和特点，以适应未来教学工作。

实训练习

1. 思考简笔画的特点及造型原则。

2. 讨论简笔画的造型方法及绘画要求。

第二章

简笔画工具材料与表现技法

简笔画是一种简单快捷的绘画表现形式，在绘画工具和材料的使用上也是灵活多样的。简笔画所使用的材料工具是常见的各种不同特性的笔、颜料、纸，以及在学校和幼儿园所使用的黑板和粉笔等。

第一节 ｜ 简笔画工具材料

简笔画常用的笔有：铅笔、钢笔、水性笔、油性笔、彩色水笔、彩色铅笔、蜡笔、油画棒、水溶性笔等，如图 2-1 所示。

常用的颜料有：彩色水、水彩色、水粉色、国画色等，如图 2-2 所示。

图 2-1　简笔画所使用的各类型的笔

图 2-2　简笔画所使用的各种颜料

常用的纸有：打印纸、素描纸、水彩纸、水粉纸、白板纸、卡纸等，如图 2-3 所示。通常纸的选择可根据画笔和画法的特点而定。

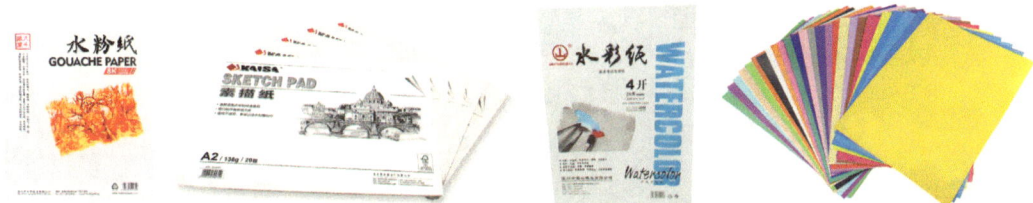

图 2-3　简笔画所使用的各类型的纸

第二节 | 彩色铅笔的特点及表现方法

一、彩色铅笔的特点

1）彩色铅笔的外形与铅笔相同。其笔芯是用彩铅做成的，绘画时握笔的方法灵活，可选用写字的方法，也可选用素描执笔笔法。

2）彩色铅笔由于笔头尖细，可以细腻地表现对象，可用橡皮修改或擦出白印，使用起来很方便。

3）线条的轻重，色块的深浅，取决于用笔的力度大小，彩色铅笔能很好地表现色彩的深浅变化。

二、彩色铅笔的表现方法

1. 平涂画法

平涂画法如素描调子的方法，即沿同一方向一笔接一笔地平铺色块，用力要均匀。初学者要反复练习，将颜色涂均匀。平涂画法创作的简笔画如图 2-4 所示。

图 2-4 平涂画法创作的简笔画

2. 渐变画法

涂色时先用力压笔重画，再逐渐抬笔轻画。这种涂色方法将产生较立体的空间感和色彩渐变效果。在涂色中可采用单色渐变，也可采用多色渐变。渐变给画面带来更为丰富的色彩效果，但要注意用笔时力度的掌握要恰到好处。渐变画法创作的简笔画如图 2-5 所示。

图 2-5 渐变画法创作的简笔画

3. 混涂画法

混涂画法是两种或两种以上的色彩重叠相加所涂出来的一种色彩效果，它会使画面产生丰富、微妙的色彩变化，但要注意颜色之间的合理搭配，否则容易出现灰暗的感觉。使用混涂画法创作的简笔画如图 2-6 所示。

图 2-6　混涂画法创作的简笔画

4.水溶性彩色铅笔

与彩色铅笔画出的是一样的效果，但用毛笔蘸清水涂抹可产生颜色融合、色彩晕化的效果。使用水溶性彩色铅笔创作的简笔画如图 2-7 所示。

图 2-7　水溶性彩色铅笔创作的简笔画

第三节　彩色水笔的特点及表现方法

一、彩色水笔的主要特点

1）色彩艳丽，纯度较高，对比强烈。

2）执笔灵活，可选用写字式。

3）单色勾线物象明确，涂色一般可以采用平涂方法。

4）对纸面的渗透力很强，涂改性较差。

二、彩色水笔的表现方法

1. 单色勾线法

单色勾线法是一种常见的幼儿喜欢选用的表现方法，所表现的形象轮廓清楚，既可选用黑色也可选用其他色彩。因为幼儿表现的画面多是五颜六色的，在用单色勾线时，更应注意线条的流畅，运笔的力度要均匀。使用单色勾线法创作的简笔画如图2-8所示。

图2-8 单色勾线法创作的简笔画

2. 勾线平涂法

在单色勾线的基础上进行的一种色块表现方法，可先勾线再涂色。最好用黑色勾线，其他色平涂在轮廓线之内，注意涂色时线条的方向要统一，用力要均匀。使用勾线平涂法创作的简笔画如图2-9所示。

图2-9 勾线平涂法创作的简笔画

3. 勾线添色法

用黑色或较深色的画笔勾出物体的轮廓线，再用水粉色、水彩色或彩色水笔等将不同的色彩添画在轮廓内，使画面色彩丰富，具有浓厚的装饰效果。使用勾线添色法创作的简笔画如图2-10所示。

图2-10 勾线添色法创作的简笔画

第四节　油画棒的特点及表现方法

一、油画棒的主要特点

1）色相明确，笔触粗犷，可表现较大的画面。

2）握笔可选用写字式或素描执笔法。

3）画法较多，表现力强，适合幼儿使用。

二、油画棒的表现方法

1. 平涂勾线法

先用淡色平涂出色彩关系，再用较深的同类色、类似色或黑色勾画出轮廓线，使所表现的形象更突出、物象更明确。另外，先勾出轮廓线再平涂也是幼儿喜欢的一种作画顺序。使用油画棒平涂勾线法创作的简笔画如图 2-11 所示。

图 2-11　油画棒平涂勾线法创作的简笔画

2. 渐变色画法

同彩色铅笔的画法相似，先用力压笔重画，再逐渐抬笔轻画，但油画棒的着色能力更强，颜色更加鲜艳、厚重，用渐变色涂色的方法所表现出来的形象立体空间效果会更好，在画静物、景物、动物、花草树木时都可选用这种画法，立体效果较佳。使用油画棒渐变色画法创作的简笔画如图 2-12 所示。

图 2-12　油画棒渐变色画法创作的简笔画

图 2-12　油画棒渐变色画法创作的简笔画（续）

3. 混合画法

将两种或两种以上的颜色混合地画在一起，一般是轻轻地涂一种颜色后，再叠加、覆盖、穿插其他颜色。经多层混合后使画面产生丰富的色彩变化，甚至会形成类似于油画般的厚重效果。使用油画棒混合画法创作的简笔画如图 2-13 所示。

图 2-13　油画棒混合画法创作的简笔画

4. 油水分离画法

先用油画棒或蜡笔画出形象的轮廓并用油画棒涂上颜色，再用水粉或水彩进行涂染其他部分，利用油与水相互排斥的特性，使画面产生丰富的效果。油水分离画法创作的简笔画如图 2-14 所示。

图 2-14　油水分离画法创作的简笔画

5. 刮画法

至少需铺两层颜色，通常下一层用明亮的色彩，覆盖层用黑色或者其他暗色。在厚重的色块上，用木签、小刀等工具，刮出轮廓线或各种细节，这是一种既能细腻地表现，又不失粗犷的画法，画面粗中有细，效果多变。刮画法创作的简笔画如图 2-15 所示。

图 2-15　刮画法创作的简笔画

6. 油画棒砂纸画法

砂纸，近年来幼儿绘画中兴起的一种特殊纸材，颜色有多种。最初普遍应用于手工打磨木材与铁，因其表面的颗粒状使得油画棒在砂纸上的涂画产生特殊的肌理效果。油画棒砂纸画法创作的简笔画如图 2-16 所示。

图 2-16　油画棒砂纸画法创作的简笔画

第五节 黑板简笔画的特点及表现方法

黑板简笔画是幼儿教师在教学中常用的绘画形式之一。一名教师能运用粉笔，面对幼儿画出他们喜爱的形象来，这对增强幼儿的学习兴趣，提高教学效果，促进幼儿的形象思维发展等多方面都起着积极的作用。

一、黑板简笔画的主要特点

1）工具简单便捷，技法也多样。

2）表现力强，运用范围广。

二、黑板简笔画的表现方法

1.单线画法

用粉笔画出单线去表现形象。此画法要求形象简练、概括，运笔肯定，主次分明，一笔接一笔。作画时，一般先画主线、大轮廓线，再画副线、形体结构线，最后是局部刻画。单线画法创作的简笔画如图 2-17 所示。

图 2-17　单线画法创作的简笔画

图 2-18　单色块画法创作的简笔画

2.单色块画法

作画时，可先用淡淡的粉笔画出大的形体结构，再平涂大色块，处理好色块的深浅层次，最后刻画局部。可用毛笔或抹布进行画面修整，使其达到完美统一的画面效果。单色块画法创作的简笔画如图 2-18 所示。

3.色块衔接法

在黑板上用白色粉笔及其他彩色粉笔表现物象，画面极易呈现协调感，除要求造型准确，用笔肯定外，同时还须处理好色彩的明度、冷暖对比等关系。色块衔接法创作的简笔画如图 2-19 所示。

图 2-19　色块衔接法创作的简笔画

4. 线、面结合画法

单线画法和色块画法在具体应用中，经常是结为一体的。一幅完整的黑板画，常常以两种方法相结合。线、面结合画法创作的简笔画如图 2-20 所示。

图 2-20　线、面结合画法创作的简笔画

5. 湿笔拼接法

此画法多用在需要产生较丰富多样的画面上，耗时较长。具体方法是先用清水浸泡各色粉笔，趁粉笔未干时根据画面需要按压到黑板上，干后可产生色彩鲜艳、层次丰富而厚重的画面效果。常用于黑板内的形象刻画。采用湿笔拼接法创作的简笔画如图 2-21 所示。

图 2-21　湿笔拼接法创作的简笔画

图 2-21　湿笔拼接法创作的简笔画（续）

第六节 ｜ 刮画的特点及表现方法

图 2-22　刮画的工具

刮画是幼儿很喜爱的一种画法，工具简单到只用一支竹笔或木签就可作画，如图 2-22 所示。其秘密在于所使用的刮画纸分底层和面层，面层是以黑色为主的多种色系，底层则分不同的单色、迷彩色或是金银镭射、彩虹镭射等。

刮画很容易激发孩子的绘画兴趣，提高其绘画水平，是培养孩子创造性思维、开启心志的理想绘画手法。

一、刮画的特点

竹笔由笔尖和笔尾两部分组成。笔尖可以刮细线，描绘细节；笔尾像大刀，可以刮出粗放的大笔触。

适合各个年龄层的幼儿，教师可以放心大胆地使用，孩子也可以发挥无限的想象，此种画法可以很好地促进教学氛围，大大地提高教学成果。

二、刮画的表现方法

"刮"字很能说明其表现方法，但为了实现所需要的画面效果，通常绘画者要在点、线、面上做好考量，长短粗细的线，不同形状的点，面的大小与分布等。

通常可以先用铅笔直接在刮纸上轻轻地画出草图，刮出物象的轮廓，再逐步地调整画面的黑白灰关系。

　　刮画比较容易出现画面单调和画面杂乱这两种不好的效果，因此要注意层次的丰富性和主体的突出。

　　刮画的表层很薄，轻轻一刮就很容易剥落，因此要注意保护。如果不慎影响到物象的刻画可以"将错就错"，发挥你的想象力与创造性加以修改。

　　采用刮画手法创作的简笔画如图 2-23 所示。

图 2-23　刮画手法创作的简笔画

第七节 | 水彩、水粉的特点及表现方法

　　水彩和水粉都是用水作为媒介的颜料，相对于以上材料操作过程略显复杂，表现技法也丰富多样，因此，要求绘画者学会灵活地运用到简笔画表现中。

一、水彩、水粉的特点

水彩的主要特点是色彩轻快透明，水和颜料通过纸相互渗化，画面水色淋漓、色彩丰富。

水粉的主要特点是颜色覆盖力强，表现方法多样，厚涂可产生浑厚的油画般效果，通过多加水的薄画法也可产生水彩般的效果。

二、水彩、水粉的主要表现方法

1. 湿画薄涂

主要表现出水彩透明、水色相容的效果。可以先涂画一笔，待未干时再接涂一笔；也可将画面用清水涂湿一遍，在未干时涂画其他颜色。采用湿画薄涂法创作的简笔画如图 2-24 所示。

图 2-24　湿画薄涂法创作的简笔画

2. 干画厚涂

水粉作画时主要运用此法，涂画一笔（色块）待干后再画一笔，可以充分利用水粉的覆盖能力添加层次，使画面呈现出工整、平滑、细腻、丰富的效果。采用平画厚涂法创作的简笔画如图 2-25 所示。

图 2-25　平画厚涂法创作的简笔画

第八节 | 其他简笔画表现技法

1. 水墨法

主要运用中国画中水墨的技法来表现简笔画，通过笔墨的变化来增加简笔画的趣味。采用水墨法创作的简笔画如图 2-26 所示。

图 2-26　水墨法创作的简笔画

2. 拓印法

主要是用颜料、水墨等拓印出形象的大形，再添画一些细节。这种印、画结合的表现方法往往会使儿童很兴奋，积极地去实践，动手动脑激发想象。采用拓印法创作的简笔画如图 2-27 所示。

图 2-27　拓印法创作的简笔画

在绘画过程中，针对所描绘的对象，尝试着用各种各样的手法去表现，还可以自己创造出更加新颖、独特的画法。

小知识：各种工具组合画法参考

1. 钢笔勾线，彩色水笔涂色。
2. 彩色水笔勾线，油画棒涂色。
3. 钢笔勾线，水彩颜料涂色。
4. 油画棒勾线，水彩颜料涂色。

实训练习

1. 运用彩色铅笔画简笔画 1 幅。
2. 运用彩色水笔画简笔画 1 幅。
3. 运用油画棒的不同表现手法，进行动物、人物、景物等简笔画练习。
4. 黑板简笔画练习。

第 三 章

日常用品简笔画

日常用品是日常生活中常见和常使用到的物品。因为经常看到和使用，我们比较熟悉并有记忆，所以，画起来比较容易得心应手。同时，日常用品造型简洁，作画难度不大，容易上手。

一、日常用品简笔画的表现内容

日常用品简笔画是以描绘人们生活中所使用的物品为主题的简笔画作品。它表现的内容很丰富，常见常用的有电视机、水壶、毛巾、茶壶等，如图3-1～图3-4所示，这些都是很好入画的表现内容。日常用品简笔画的表现内容繁多，按使用范围来划分，可分为生活用品、学习用品、体育用品、食物等。

图3-1　电视机

图3-2　电热水壶

图3-3　毛巾

图3-4　茶壶

二、日常用品简笔画的表现方法

简笔画一般都是用基本形去表现自然界中复杂的物象。用基本形去表现就是把物象简化、概括成近似平面几何基本形，如用圆柱形画杯子，用长方形画电视机。用基本形表现日常用品，首先要认识、会画基本形，然后灵活运用基本形去描绘各种景物形象。绘画日常用品简笔画一般先画大的物体，再画小的结构；先画前面不被阻挡的部分，再画后面被阻挡的局部；如果都不被阻挡，一般先画上后画下。即先大后小，先近后远，先上后下。

第一节 | 生活用品简笔画

生活用品简笔画的绘画对象为生活中常用到的物品，如口盅、牙膏、牙刷、茶壶、茶杯、衣服、台灯、电视等。

一、茶壶

茶壶的作画步骤分为：

步骤一：画茶壶主体上面的盖子。

步骤二：画茶壶壶身。

步骤三：画茶壶壶嘴和茶壶提把。

步骤四：给茶壶壶身添加装饰图案。

茶壶作画步骤图例如图 3-5 所示。

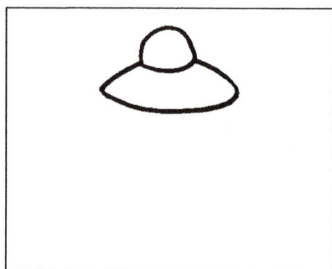
步骤一

步骤二

步骤三

步骤四

图 3-5　茶壶的作画步骤

二、台灯

台灯的作画步骤分为：

步骤一：用圆形画灯罩口。

步骤二：用梯形画灯罩。

步骤三：用圆形和柱形画灯座主体和灯杆。

步骤四：添加灯座底部、图案和拉绳。

台灯的作画步骤图例如图 3-6 所示。

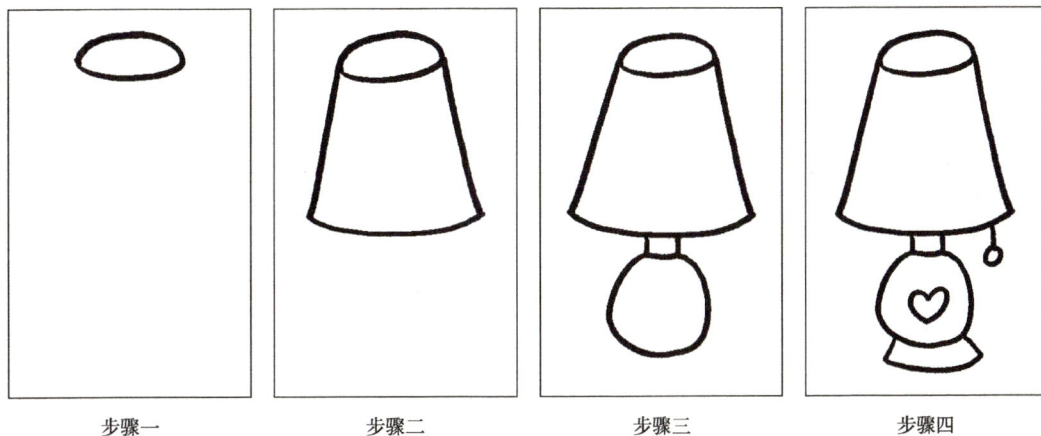

步骤一　　　　　　步骤二　　　　　　步骤三　　　　　　步骤四

图 3-6　台灯的作画步骤

三、背带裤

背带裤的作画步骤分为：

步骤一：先画背带裤的主体。

步骤二：加画背带。

步骤三：添加扣子和装饰。

步骤四：涂上自己喜欢的色彩。

背带裤的作画步骤图例如图 3-7 所示。

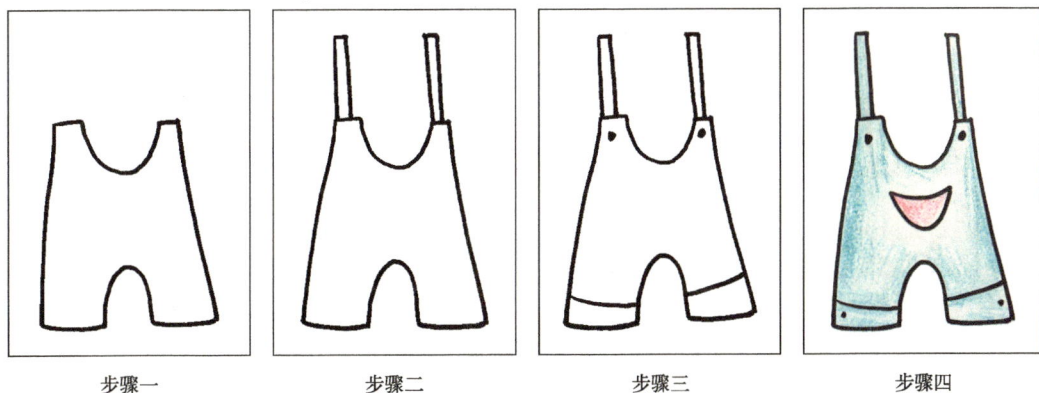

步骤一　　　　　　步骤二　　　　　　步骤三　　　　　　步骤四

图 3-7　背带裤的作画步骤

第二节　学习用品简笔画

学习用品简笔画的绘画对象为学习中常用到的笔、笔盒、尺子、圆规、书、书包等物品。

一、圆珠笔

圆珠笔作画步骤分为：

步骤一：用长方形和梯形画出笔杆主体。

步骤二：补充笔尖和笔帽。

步骤三：在笔杆上部一侧画出笔扣。

步骤四：为圆珠笔涂上颜色。

圆珠笔作画步骤图例如图 3-8 所示。

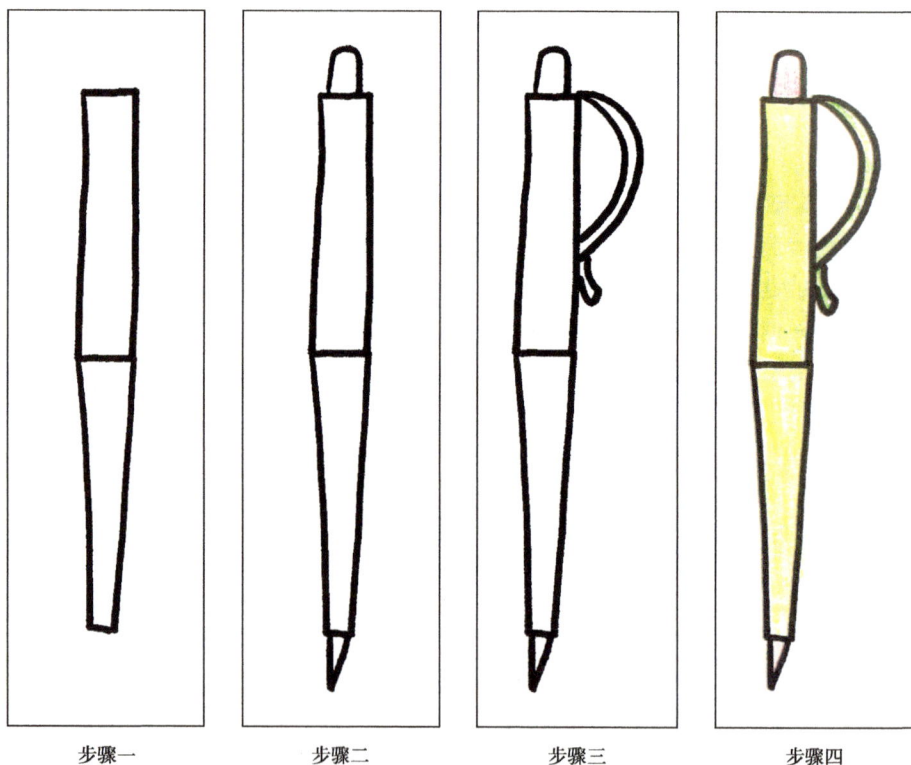

步骤一　　　　步骤二　　　　步骤三　　　　步骤四

图 3-8　圆珠笔的作画步骤

二、尺子、调色板、颜料、圆规

尺子、调色板、颜料、圆规的简笔画画法图例如图 3-9 所示。

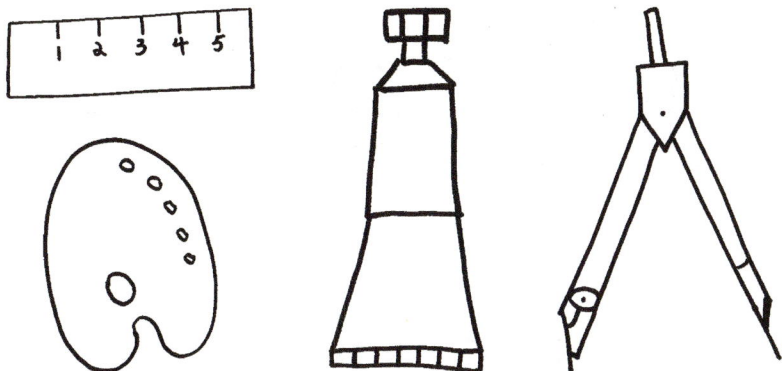

如图 3-9 尺子，调色板，颜料，圆规

第三节 | 体育用品简笔画

一、羽毛球

羽毛球作画步骤分为：

步骤一：画出羽毛球的外形。

步骤二：分出羽毛球的头部和画出尾部圆口。

步骤三：画出羽毛的排列形状。

步骤四：涂上颜色。

羽毛球作画步骤图例如图 3-10 所示。

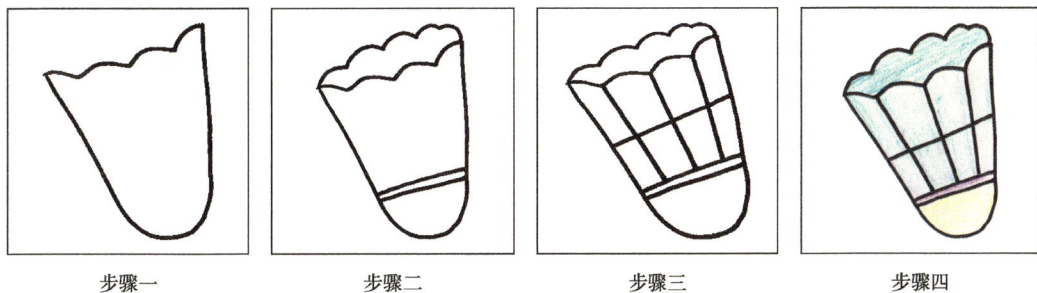

| 步骤一 | 步骤二 | 步骤三 | 步骤四 |

图 3-10 羽毛球的作画步骤

二、橄榄球、毽子、举重器材

橄榄球、毽子、举重器材的简笔画画法图例如图 3-11 所示。

图 3-11 橄榄球、毽子、举重器材

第四节 | 食物简笔画

一、冰淇淋

冰淇淋的作画步骤分为：

步骤一：用小圆画出冰淇淋顶部。

步骤二：从顶部往下画出冰淇淋奶油帽状形态。

步骤三：往下画出三角形的蛋筒部分。

步骤四：为冰淇淋添加纹样和装饰。

冰淇淋的作画步骤图例如图 3-12 所示。

| 步骤一 | 步骤二 | 步骤三 | 步骤四 |

图 3-12 冰淇淋的作画步骤

二、莲藕

莲藕的作画步骤分为：

步骤一：画出杯形的第一节莲藕。

步骤二：画出第二节莲藕和小尖芽。

步骤三：画莲藕切面的小孔。

步骤四：上色。

莲藕的作画步骤图例如图 3-13 所示。

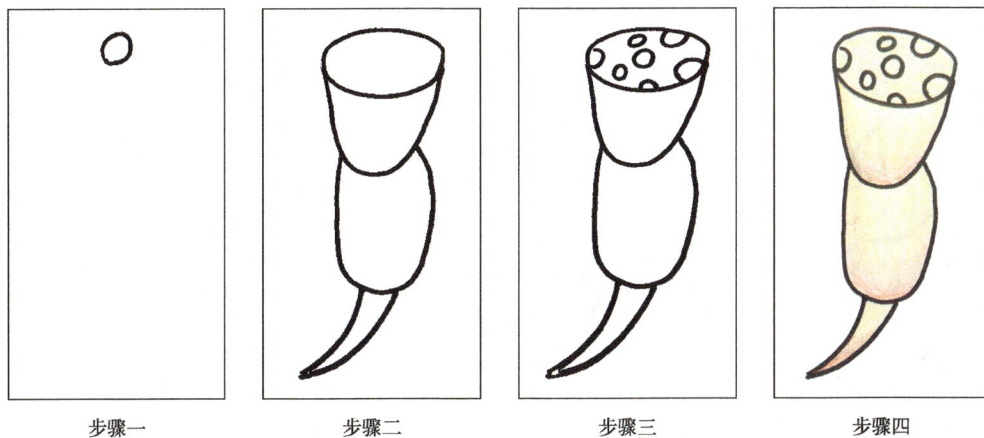

步骤一　　　　　步骤二　　　　　步骤三　　　　　步骤四

图 3-13　莲藕的作画步骤

 作品范例

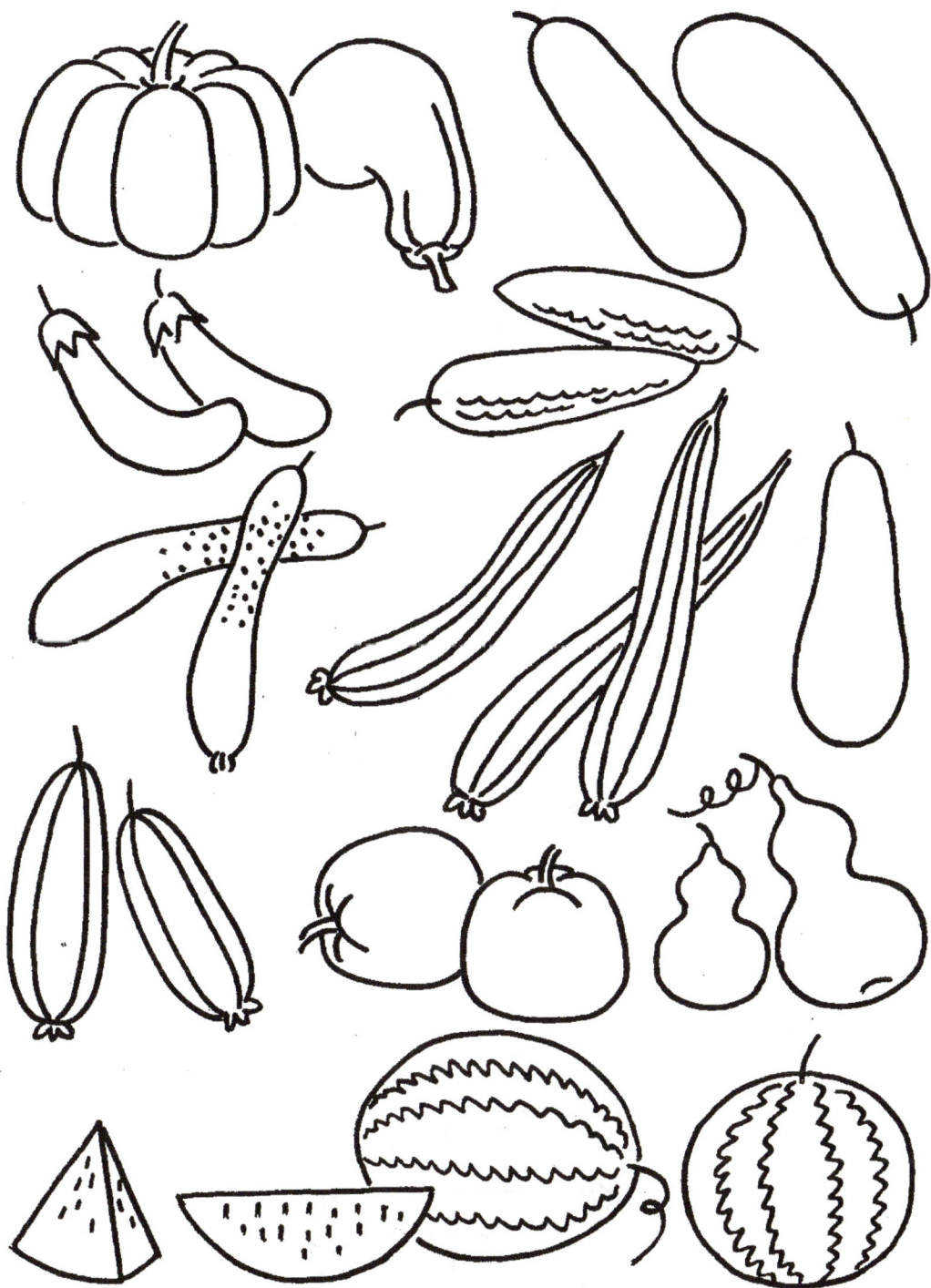

第五节 日常用品简笔画组合

一、生活用品组合

日常用品组合简笔画画法如图 3-14 所示。

图 3-14　日常用品组合简笔画

二、学习用品组合

学习用品组合简笔画画法如图 3-15 所示。

图 3-15　学习用品组合简笔画

三、场景组合

场景组合简笔画画法如图 3-16 所示。

图 3-16　场景组合简笔画

四、组合作画步骤

组合作画步骤分为：

步骤一：先布局大的物品形象。

步骤二：再画较小的物品形象。

步骤三：丰富完成。

组合作画步骤图例如图 3-17 所示。

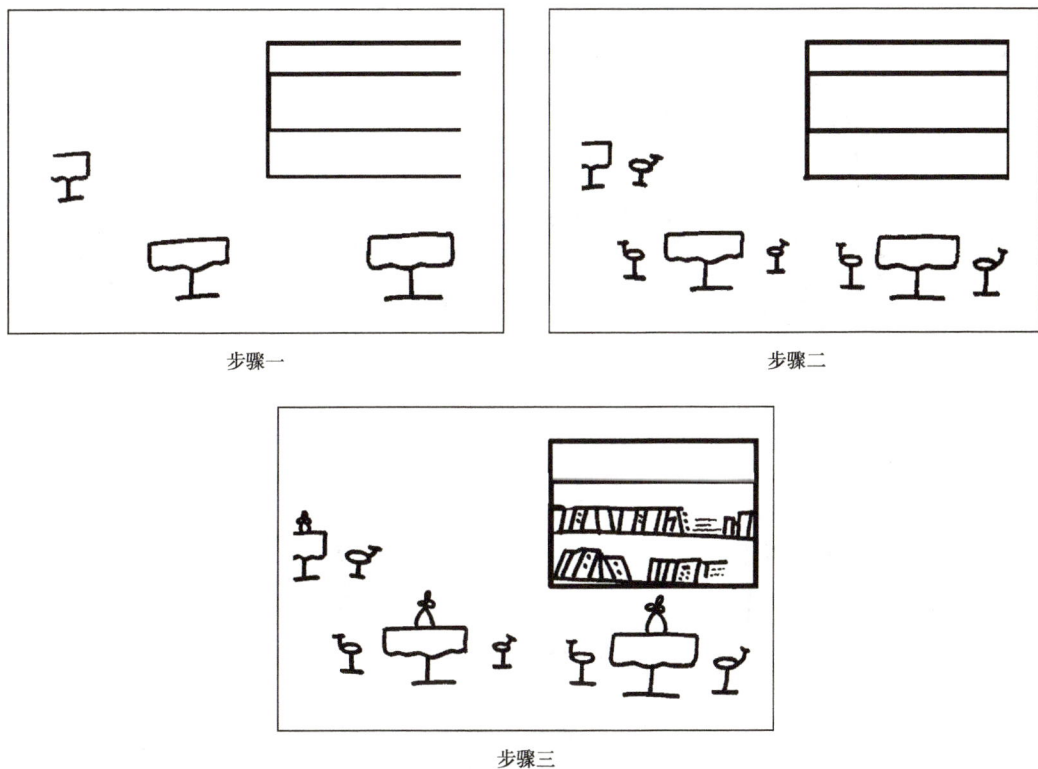

步骤一 步骤二

步骤三

图 3-17 组合物体作画步骤

实训练习

1．临摹 4 个内容的日常用品简笔画各 4 幅。

2．根据作品范例中提供的单个日常用品简笔画形象进行组合练习 4 幅。（形象不足可添加）

3．根据日常用品照片进行简笔画改写 4 幅。

4．日常用品简笔画组合写生 4 幅。

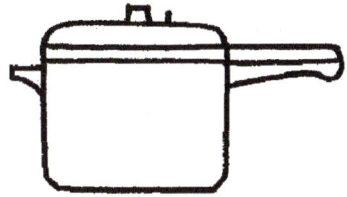

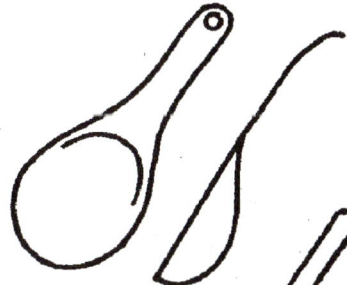
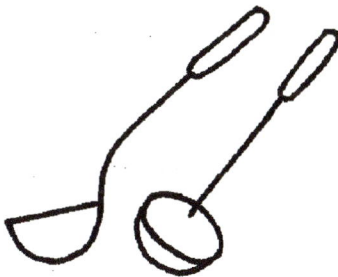

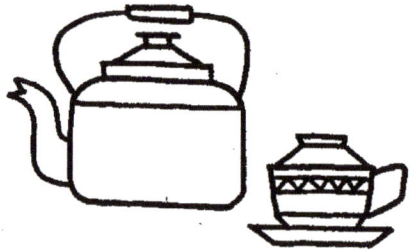

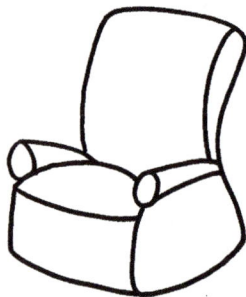

第四章

花卉树木简笔画

花卉树木与鸟虫简笔画是学生最喜欢的简笔画内容之一，这些花草、果树、小鸟、蝴蝶通常都受到学前教育专业学生以及幼儿园小朋友们的青睐。本章将针对花卉树木以及鸟虫简笔画的表现技法和绘画步骤展开详尽讲解。

第一节 花卉简笔画

花卉植物一般由花（花瓣、花蕊、花萼）、根、茎、叶组成。要用简笔画的形式去表现花卉，就是如何用概括、提炼、归整的方法去表现花卉各部分结构的过程，如图4-1所示。

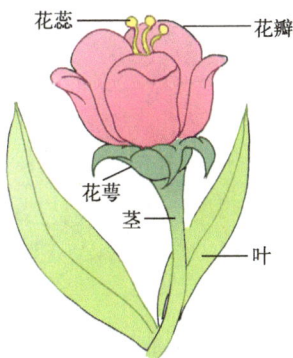

图4-1 花卉的结构

1.用基本形表现花卉

用基本形表现花卉，就是把各种花朵、枝叶等简化、概括成近似平面几何基本形。如用圆形画花头，用三角形表现叶子，用半圆形表现透视的花头，灵活运用基本形描绘各种花卉形象，如图4-2、图4-3所示。

图4-2 花的表现方法

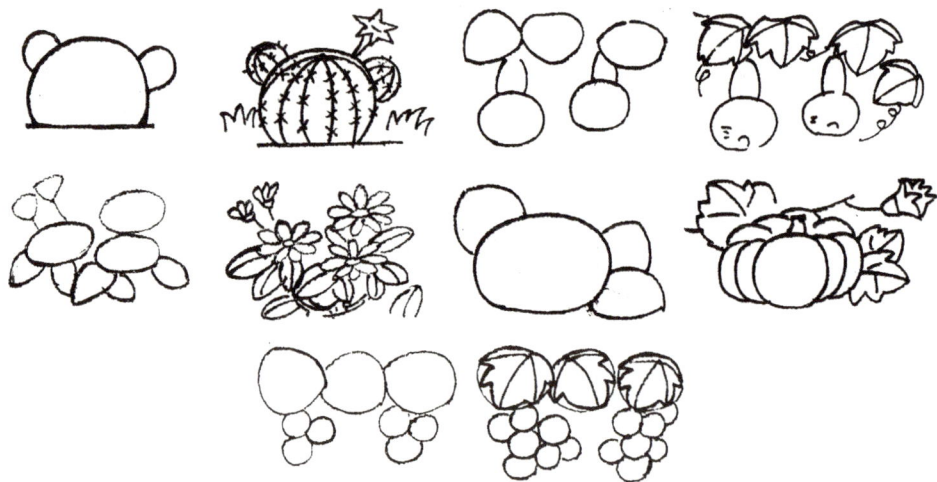

图 4-3　各种基本形的花果

2. 用流畅的曲线表现花瓣薄软的花

用流畅的曲线表现花瓣薄软的花具体画法如图 4-4 所示。

图 4-4　用流畅的曲线表现花瓣薄软的花

3. 用拟人的手法表现花

用拟人的手法表现花具体画法如图 4-5 所示。

图 4-5　用拟人的手法表现花

4.同种花的不同表现

同一种荷花的不同表现形式如图 4-6 所示。

图 4-6　同是荷花有不同的表现形式

练一练

1. 花卉简笔画临摹 10 幅。（课堂练习）
2. 花卉简笔画写生 6 幅。（课后练习）

 作品范例

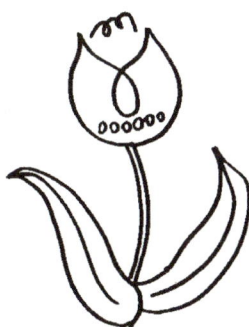

第二节 | 树木简笔画

树木的地上部分分干、枝、叶三部分，树的形态很多，基本上可以用不规则的圆形、椭圆形、半圆形、三角形来概括。树枝有互生、轮生之分，树枝的分布一般上密下疏，上短下长。树干由于树种的不同或挺拔或弯曲，或粗壮或纤细。注意这些规律有助于画出不同树的特点。

1）叶少的树先画树干，注意树干的类型和长势，再添几片有特征的叶子，如图4-7所示。

图4-7 叶少树木简笔画

2）画树也要善用夸张的手法 - ，强调树的形态特征，树干或树叶规律化的处理会更好看，如图4-8所示。

图4-8 夸张画法的树木简笔画

3）线条长、短，直、曲配合表现树，使画面自然，如图4-9所示。

图 4-9 长线与短线、直线与弧线配合表现的树

练一练

1. 树木简笔画临摹 10 幅。（课堂练习）
2. 树木简笔画写生 6 幅。（课后练习）

作品范例

第 五 章

交通工具简笔画

交通工具是指一切用于人类代步或运输的工具，是现代人生活中不可缺少的内容。交通工具随处可见，按其所使用的区域划分可分为空中飞行类交通工具、陆上交通工具、水上交通工具。

交通工具因其是人们制造出来的，具有一定的工业规则性，造型严谨规则，但是对于幼儿学习简笔画来说，我们应打破其严肃的造型并将其简化，这样才能更好地提升对幼儿的吸引力并激发想象力。

第一节 ｜ 空中飞行类交通工具简笔画

简笔画都是用一些基本形态表现物象，交通工具也不例外。用简单几何图形表现交通工具，首先要认识绘画对象各部分的基本形，然后灵活运用各种基本形去描绘各物体的形象。如图 1-1 所示。

1. 直升机简笔画的画法与步骤

直升机形象的特点：机身是圆形，机尾是长条形，机翼是旋转小三角形，如图 5-1 所示。

图 5-1 直升机

直升机简笔画的绘画步骤主要有：

步骤一：画出圆形机身和条形机尾。

步骤二：画出顶部螺旋桨和玻璃舱。

步骤三：加上起落架和机尾螺旋桨。

步骤四：添加拟人化表情，使造型更加生动有趣。

直升机简笔画绘画步骤如图 5-2 所示。

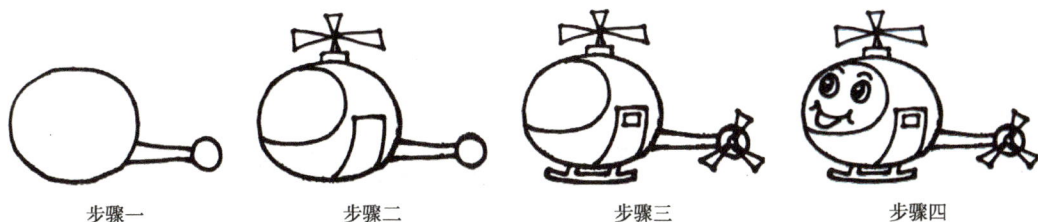

步骤一　　　　　　　步骤二　　　　　　　步骤三　　　　　　　步骤四

图 5-2　直升机简笔画的绘画步骤

2. 民航飞机的画法与步骤

民航飞机的形象特点：机身园而长，机翼小而扁平，如图 5-3 所示。

民航飞机的简笔画的作画步骤分为：

步骤一：画出机身和机头。

步骤二：画出小而扁平的机翼。

步骤三：画出机头前面的玻璃窗。

步骤四：添加拟人化表情，使造型更加生动有趣。

民航飞机简笔画的作画步骤如图 5-4 所示。

图 5-3　民航飞机

步骤一　　　　　　　　　　　　步骤二

图 5-4　民航飞机简笔画作画步骤

步骤三　　　　　　　　　　　　　　　步骤四

图 5-4　民航飞机简笔画作画步骤（续）

第二节 | 陆上交通工具简笔画

1. 高速列车的画法与步骤

高速列车的形象特点：车身是圆而长，车头小而尖，如图 5-5 所示。

图 5-5　高速列车

高速列车简笔画的作画步骤分为：

步骤一：画车身和车头。

步骤二：画出车身和车头的玻璃窗。

步骤三：细画玻璃窗。

步骤四：添加拟人化表情，使造型更加生动有趣。

高速列车简笔画作画步骤图例如图 5-6 所示。

步骤一　　　　　　　　　　　　　　　步骤二

步骤三　　　　　　　　　　　　　　　步骤四

图 5-6　高速列车简笔画作画步骤

2. 巴士的画法与步骤

巴士的形象特点：车身圆而长，车底平，车顶呈圆弧形，如图 5-7 所示

图 5-7 巴士

巴士的简笔画作画步骤分为

步骤一：画出车身基本轮廓。

步骤二：画出四个车轮。

步骤三：画出车上的玻璃窗、车灯、后视镜、车门。

步骤四：添加拟人化表情，使造型更加生动有趣。

巴士简笔画作画步骤图例如图 5-8 所示。

步骤一

步骤二

步骤三

图 5-8 巴士简笔画作画步骤

步骤四

3. 小轿车的画法与步骤

小轿车的形象特点：车身是正方而长的，如图 5-9 所示。

图 5-9 小轿车

小轿车简笔画作画步骤分为

步骤一：画出车身基本轮廓。

步骤二：画出车轮。

步骤三：画玻璃窗、车门和进气口。

步骤四：画出车灯、方向盘等。

小轿车简笔画作画步骤图例如图 5-10 所示。

步骤一　　　　　　　　　　　步骤二

步骤三　　　　　　　　　　　步骤四

图 5-10　小轿车简笔画作画步骤

4. 货车的画法与步骤

货车的形象特点：车头尖，车身方正，如图 5-11 所示。

图 5-11　货车

货车简笔画的作画步骤分为

步骤一：画出车头和车轮的轮廓。

步骤二：画出车头的玻璃窗和车厢。

步骤三：画出车轮和车厢细节。

步骤四：添加拟人化表情，使造型更加生动有趣。

货车简笔画的作画步骤图例如图 5-12 所示。

步骤一　　　　　　　　　　　　步骤二

步骤三　　　　　　　　　　　　步骤四

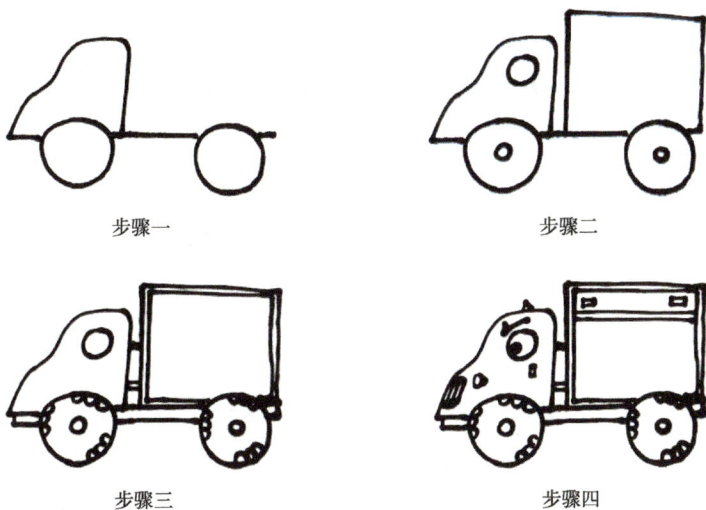

图 5-12　货车简笔画的作画步骤

5. 自行车的画法与步骤

自行车的形象特点：车身细长，条状结构，如图 5-13 所示。

自行车简笔画的作画步骤分为

步骤一：画出车头把手和前轮。

步骤二：画出横杠和鞍座。

步骤三：画出后轮。

步骤四：添加细节。

图 5-13　自行车

自行车简笔画的作画步骤图例如图 5-14 所示。

步骤一　　　　　　　　　　　　步骤二

步骤三　　　　　　　　　　　　步骤四

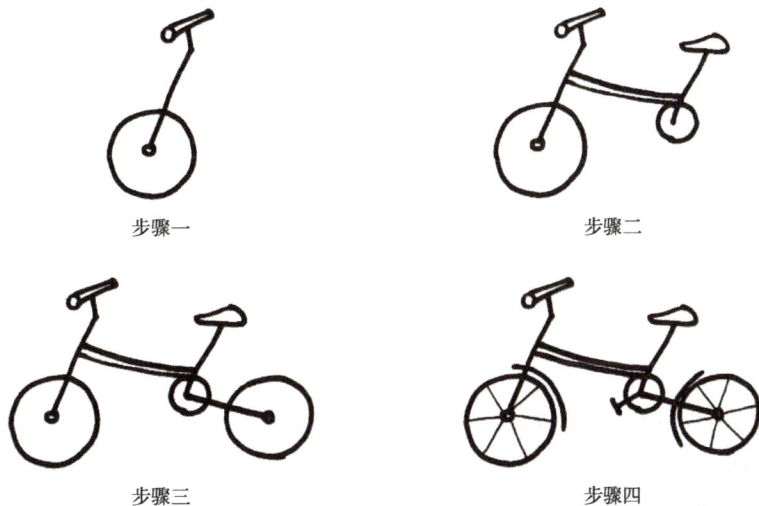

图 5-14　自行车简笔画作画步骤

第三节　水上交通工具简笔画

轮船的画法与步骤

轮船的形象特点：船身长，船头高，船上有建筑物，如图 5-15 所示。

图 5-15　轮船

轮船简笔画作画步骤分为：

步骤一：画出船身的轮廓。

步骤二：画出船上的主要建筑物。

步骤三：画出船上的天线和旗帜。

步骤四：添加拟人化表情，使造型更加生动有趣。

轮船简笔画作画步骤图例如图 5-16 所示。

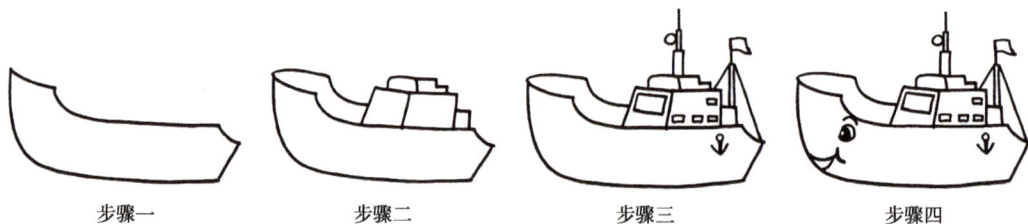

步骤一　　　　　　步骤二　　　　　　步骤三　　　　　　步骤四

图 5-16　轮船简笔画作画步骤

实训练习

1. 交通工具简笔画临摹 10 幅。

2. 根据交通工具图片进行简笔画改写 4 幅。

3. 交通工具简笔画写生 4 幅。

作品范例

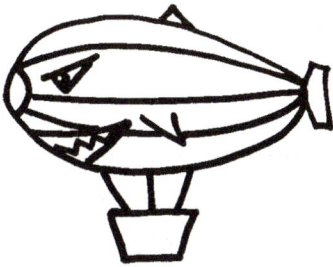

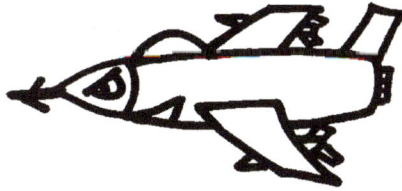

第 六 章

风景简笔画

　　风景是简笔画表现的一个主要内容，因为风景绘画具有灵活性、创造性和画面的审美性，且造型难度不大，所以成为深受绘画者喜爱的表现内容之一。学习风景简笔画，不但可以提高取舍、概括、审美、创造等能力，还能培养绘画者热爱大自然，热爱生活，热爱祖国的情感。

第一节 | 风景简笔画的表现内容

　　风景简笔画是以描绘自然风光和景物为主题的简笔画作品。它表现的内容有山川湖泊、乡村小景、城市建筑、园林亭台等，如图6-1～图6-4所示，这些都是很好入画的表现内容。风景简笔画有时还会出现人物或动物，人物和动物简笔在另外的章节重点学习，本章暂不作介绍。

图6-1　山川湖泊

图6-2　乡村小景

图6-3　城市建筑

图6-4　园林亭台

第二节 | 风景简笔画的表现方法

1. 用基本形表现风景

　　用基本形表现风景，就是把各种花草、树木、山、水和建筑物等简化、概括成近似平面几何基本形。比如用圆形画太阳、树，用方形画楼房，用三角形画树，用半圆形画桥，用梯形画房子、帆船等。用基本形表现风景，首先要认识、会画基本形，然后灵活运用基本形去描绘各种景物形象。图6-5是运用各种基本形去表现景物形象。

图6-5　用基本形表现各类景物形象

2. 用基本形组合表现风景

花草、树木、山、水和建筑物的呈现形式往往千姿百态，各不相同。如果遇到一些复杂的景物时，可以先把这些景物分成近景、中景、远景，如图6-6所示。再进一步具体分解，概括成不同的基本形，最后组合在一起。如图6-7中三幅风景画，就是先把树、房屋、墙壁等分解、概括成不同的基本形，然后组合成完整的风景画。

图6-6　画面层次：近景、中景、远景

风景1

风景2

风景3

图6-7　用基本形组合表现风景

3. 构图

构图就是把所见的景、物构成一幅画，具体来说，就是指形象在画面中占有的位置和空间所形成的画面分割形式。面对一张白纸，我们要把自己需要的物、景安排在里面，这样就产生了构图。即使同一个景如果安排位置不同也会出现不同的构图。构图对于一幅作品的成败是相当关键的。构图的目的是想让观者能更集中、更明了地看清作者想要表现的景物。尽管构图千变万化，但也有规律。

（1）疏密、繁简对比

画风景简笔画，应去繁就简，抓住大的形体特征，再添加富有情趣性的细节，并把动物、植物、人物点缀其中，使之更具有生活气息，如图6-8、图6-9所示。

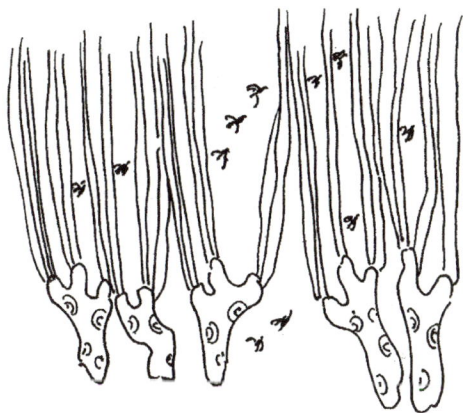

图6-8 树干与树枝疏密对比，
小鸟点缀其中更具生气

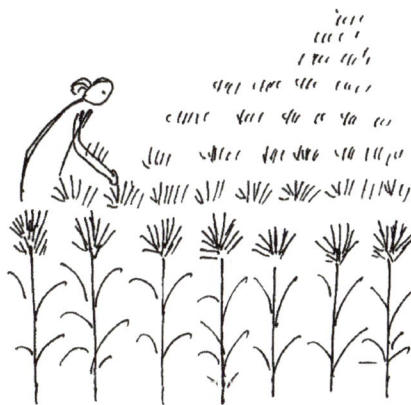

图6-9 远近繁简对比，人物点缀
其中更具生活气息

（2）参差错落对比

画面中树木参差错落，既有重叠又有交错，使画面更显得充实，如图6-10所示。

图6-10 参差错落

（3）均衡变化

构图中要有均衡，但均衡并不意味着平均，而是要有变化，也要有疏密、大小、虚实等。如果平均对待，那画面就会显得呆板、缺少变化。在构图中往往运用一大一小，一疏一密来求得均衡，如图 6-11 所示。

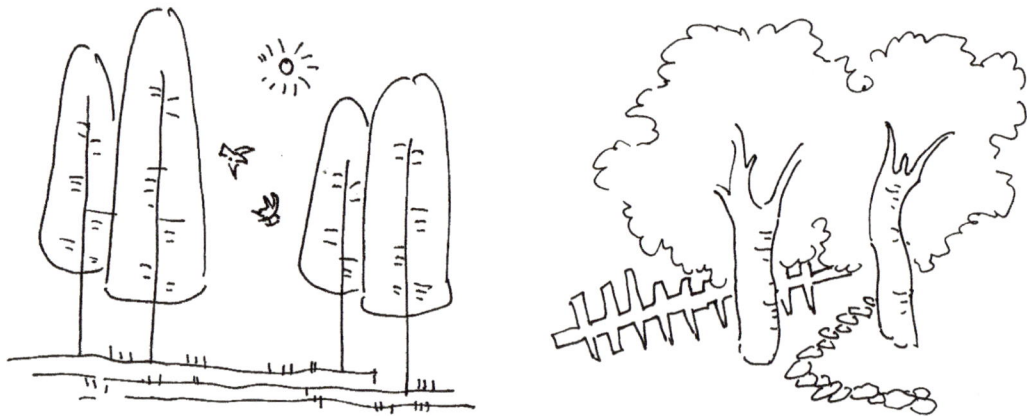

图 6-11　画面要均衡

（4）相互呼应

物象间要有相互呼应，如图 6-12 所示。

图 6-12　物象间相互呼应

第三节　风景简笔画的作画步骤

　　不管是临摹、组合、写生或创作，作画前都要考虑作品的主题和立意，分清主次，把主体形象画在什么位置，要先在心里打腹稿，再进行构图作画。

　　图 6-13 为风景简笔画作画步骤范例。

步骤一

步骤二

步骤三

步骤四

步骤五

图 6-13　风景简笔画作画步骤

第四节 | 风景简笔画组合练习

用单个物体形象或局部进行组合形成一幅完整的风景简笔画，如图 6-14～图 6-17 所示。

图 6-14 风景画的各种局部形象

图 6-15 组合范例 1

图 6-16 组合范例 2

春

冬

图 6-17 组合"春"和"冬"的画面

练一练

1.根据资料进行构图练习。

2.补充夏、秋两景进行风景简笔画组合练习。

风景简笔画局部形象素材

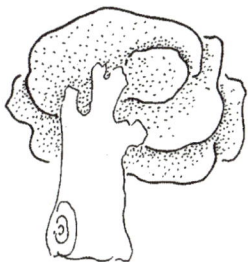

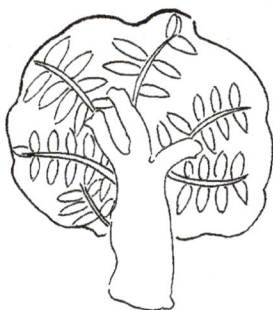

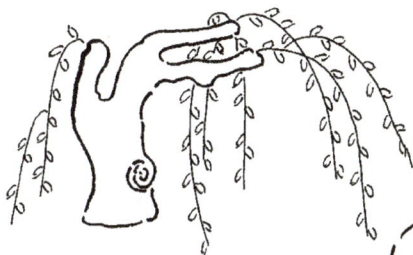

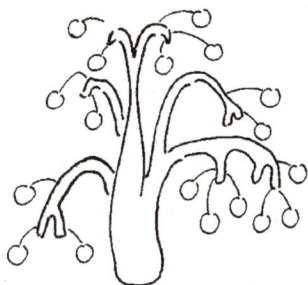

 实训练习

1. 风景简笔画临摹 4 幅。

2. 根据风景图片进行简笔画改写 3 幅。

3. 风景简笔画写生 3 幅。

4. 根据本节提供的局部形象素材进行风景简笔画组合练习 2 幅，如组合"夏"和"秋"两景。

作品范例

第七章

动物简笔画

    动物是简笔画常要表现的内容题材。动物简笔画在幼儿园的美术教育活动、环境创设或其他科目的教育活动中也是经常用到的。一个完美的动物简笔画造型，很容易受到幼儿的喜爱。作为一名幼儿园老师，在其他学科的教育活动中若能善于利用简笔画形象来辅助活动的开展，往往会提高幼儿参加活动的积极性，激发他们的学习兴趣，比如数学活动中老师能借助简笔画形象讲解对数的认识，幼儿更容易理解，从而尽快领略数的意义，收到事半功倍的教育活动效果。要创造一个完美的动物简笔画形象是需要一定的技巧的，本章将就动物简笔画的造型特点和表现方法作重点介绍。

第一节 | 动物简笔画的表现方法

    1. 在了解动物的结构与运动规律的基础上利用几何形概括表现

    大自然和生活中的动物虽然千姿百态，形体结构复杂，但只要善于利用基本几何形状来归纳，则进行简笔画造型就会容易很多。用基本几何形概括表现是很好的也是最基本的方法，所谓用基本几何形表现动物首先就是把动物的整体形状简化、概括成各种平面几何基本形，或圆形、半圆形、椭圆形，或正方形、长方形，或三角形，或梯形，等等。再用基本几何形将动物的头部、躯体、尾巴、四肢等部分概括成不同的基本形，然后再组合添加成具有不同动物特征的简笔画形象。比如画一只小鸟，先把小鸟头部归纳为圆形，身体部分归纳为椭圆形，尾巴归纳为三角形；小猪的头归纳为圆形，嘴巴和身体归纳为椭圆形，或将小猪头部归纳为梯形，肚子归纳为圆形，如图7-1所示。其他四肢类动物和水族类动物的几何形概括方法亦然。

图 7-1 几种动物的几何形归纳

图 7-1　几种动物的几何形归纳（续）

2. 在抓住动物形象特征的前提下，或巧妙利用各种线形表现，或灵活运用各种形组合表现

线型有直曲、粗细之分，不同的线型会给人以不同的视觉体验，善于利用不同的线型来进行简笔画造型，就会创造出生动的简笔画形象。直线和折线，给人以刚劲坚硬的感觉。曲线（如螺旋线、弧线和波浪线）给人以柔和与运动之感。粗线给人刚劲浑厚之感。细线给人轻盈而薄之感。不同线型表现的乌龟形象如图 7-2 所示。

图 7-2　不同线型表现的乌龟形象

（1）可一形多物

采用一形多物表现动物形象如图 7-3 所示。

图 7-3　一形多物表现动物形象

（2）可一物多形

采用一物多形表现动物形象如图 7-4 所示。

图 7-4　一物多形表现动物形象

3.注意用拟人的观点去看待动物，造型时融入人的精神因素

在幼儿心里，所有的动物都会像人那样有思想、有情感，所以作为幼儿教师，在进行简笔画造型时要尽可能地把人的情感融入动物的身上，尽量拟人化，如图 7-5 所示。

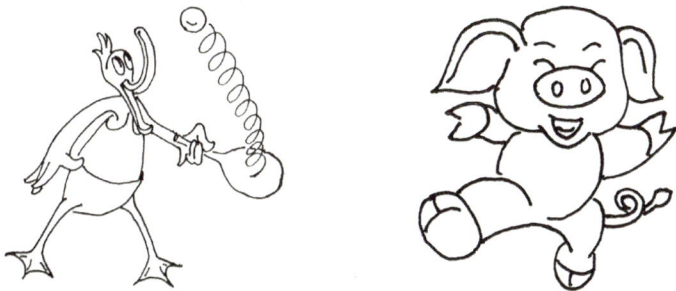

图 7-5 拟人的动物简笔画形象

4.一般造型作画步骤

画不同的动物形象时，有的要从整体去画，有的则要把整体分解成几个部分去画。一般是先画整体后画局部，先画大后画小，先画外后画内，先画上再画下。为了让动物的形象和动态更完美，画动物的头部时，可以画最能体现动物特征的角度，或正面或侧面；画躯干、四肢等部位，也要选择合适的角度去描绘。图 7-6 是以松鼠的简笔画造型为例展示作画的一般造型步骤。

图 7-6 松鼠简笔画的造型步骤

第二节 飞禽类动物简笔画

飞禽类动物虽然主要是靠翅膀运动，但三叉的爪子走路也很灵活。家鸡虽然属于飞禽类动物，但由于家养经过长期驯化后已经不是以飞为主，故进行造型时不必以强调翅膀为主（如果是为了构思的需要也不妨强调翅膀的发达）。

一、大鸡和小鸡的造型

大鸡的形象特点：大鸡的头是圆形，躯干是椭圆形，冠子大，尾巴是半圆形，侧面观察形体呈三角形。

小鸡形象特点：小鸡的头是圆形，躯干是椭圆形，嘴是三角形，小鸡头大。

图 7-7 和图 7-8 分别为大鸡与小鸡的图片，以及大鸡与小鸡的简笔画造型。

图 7-7　大鸡与小鸡

图 7-8　大鸡与小鸡的简笔画造型

二、鸭的造型

鸭脚上有蹼，游水灵活，走路缓慢，这是明显的特点，造型时可强调这一特点。鸭的头和躯干都是椭圆形，颈长而弯曲，动态呈"之"字形。图 7-9 和图 7-10 分别为鸭子的图片和鸭子的简笔画造型。

图 7-9　鸭子

图 7-10　鸭子的简笔画造型

三、鹅的造型

鹅的特点与鸭几乎相同，除了脚上有蹼，游水灵活，走路缓慢，这些明显的特点外，成年鹅头有明显的肉瘤，鹅的头和躯干都是与鸭一样呈椭圆形，颈长而弯曲，动态呈"之"字形，造型时可强调这些特点。图 7-11 和图 7-12 分别为鹅的图片和鹅的简笔画造型。

图 7-11 鹅

图 7-12 鹅的简笔画造型

练一练

1. 临摹小鸟、鸡、鸭、鹅的简笔画造型。

2. 创作一幅主题为"快乐的清晨"的场景画。

要求：

1）完整表现主题。

2）可用拟人化的手法造型（翅膀做手臂）。

3）小鸟、鸡、鸭、鹅的形象都在场景中。

四、鸟的造型

1. 鸟类特征

1）身体左右相对称，形体呈纺锤状。

2）体表披有羽毛。

3）身体分头、颈、躯干、尾、翅膀（前肢）、脚六部分。

4）大多能在空中飞行。

2. 简笔画中常画的鸟类

鸟类以生态特征分为多种科目，简笔画中常画的有三种。

（1）猛禽类

一般翅膀强劲，嘴弯曲带钩，爪尖锐，捕食小动物。如苍鹰(图7-13)、金雕、秃鹫等。

（2）水禽类

一种是嘴长、腿长、尾短，涉水觅食，生活在浅水和沼泽地区，如白鹭、丹顶鹤。

一种是嘴扁平，脚短有蹼，尾短，分布极广，如天鹅、鸿雁、鸳鸯。

水禽如图7-14所示。

图7-13 苍鹰　　　　　　　　　图7-14 水禽

（3）鸣禽类

种类极多，形态变化极大，多生活在林间平原。有的非常美丽，有的善于鸣叫，多善飞翔和跳跃，如麻雀、百灵、绶带鸟、太平鸟、喜鹊等。鸣禽如图7-15所示。

图 7-15　鸣禽

3. 用几何形表现鸟的头、躯干、翅膀、尾巴

用几何形表现各种形态的鸟如图 7-16 所示。

图 7-16　各种形态的鸟

练一练

1. 鸟类简笔画临摹 10 幅。（课堂练习）

2. 根据图片进行鸟类简笔画改写 6 幅。（课后练习）

虽然鸟的品种很多，但只要我们掌握一种鸟的简笔画作画技法，可触类旁通，具体作画步骤可参照前面的鸡鸭简笔画的造型方法，先归纳头部、身部和尾部的形状，然后从头部开始入手作画。图7-17 和图7-18 分别为鸟的图片和鸟的简笔画造型。

图 7-17　鸟

图 7-18　鸟的简笔画造型

第三节 ｜ 四肢类动物简笔画

图 7-19　兔子

四肢类动物有四蹄类与四爪类之分，其明显的特征是有四条腿，有蹄子的，走路时四条腿都是对角同步前进的，只有狂跑时才是双前腿与后两腿同步；有爪类的也几乎是这样的行走习惯。

1. 兔的造型

兔子的头与躯干都是椭圆形的，跑跳时躯干拉长，兔子耳长尾短，性情温顺可爱。图7-19 和图7-20 分别为兔子的图片和兔子的简笔画造型。

图 7-20　兔子的简笔画造型

2. 猫的造型

猫头形较圆，耳朵是三角形，尾巴较长。图 7-21 和图 7-22 分别为猫的图片和猫的简笔画造型。

图 7-21

图 7-22　猫的简笔画造型

3. 狗的造型

狗的嘴巴与耳朵都较长，眼睛在头部两侧略前，尾巴卷曲。图 7-23 和图 7-24 分别为狗的图片和狗的简笔画造型。

图 7-23　狗

图 7-24　狗的简笔画造型

4. 猪的造型

猪的特点比较明显，身圆而大呈椭圆形，耳朵大四肢小，嘴巴大而长。抓住这些特点后可以任意夸张造型。图 7-25 和图 7-26 分别为猪的图片和猪的简笔画造型。

图 7-25　猪

图 7-26　猪的简笔画造型

5. 猴的造型

猴的脸部呈桃形，上圆下尖躯干瘦小，耳朵小，尾巴长，动作灵活，动态与结构与人相似。图 7-27 为猴子的图片，图 7-28 为猴子形象简笔画的绘画步骤，图 7-29 为不同形象的猴子简笔画造型。

图 7-27　猴子

图 7-28　小猴的绘画步骤

图 7-29　不同形态的小猴

6.鹿的造型

小鹿的头部上圆下尖，两耳向斜上方竖起，尾巴短小，两腿细长，动态优美。图 7-30 为鹿的图片。

图 7-30　鹿

鹿的最大特点是腿细长，奔跑速度快，动作也很敏捷。造型时可强调它腿长与奔跑敏捷的细节。图 7-31 和图 7-32 分别为小鹿的绘画步骤和不同头部造型的鹿的简笔画。

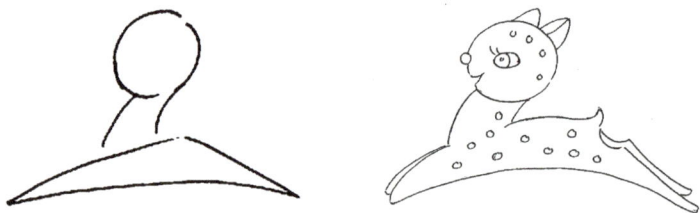

图 7-31　小鹿的绘画步骤

图 7-32　不同头部造型的鹿

练一练

1.临摹所学动物装饰化造型。

2.创作"猴子捞月"。

要求：

1）主题明确。

2）造型有创新。

7. 老鼠的造型

老鼠体积小，尾巴长，耳朵圆小，眼睛也小，反应敏捷，行动鬼鬼祟祟。造型时可强调它的诡秘特性，或强调它的小眼睛或长长的尾巴，等等。图 7-33 和图 7-34 分别为老鼠的图片和老鼠简笔画造型。

图 7-33 老鼠

图 7-34 各种形态的老鼠简笔画造型

8. 松鼠的造型

松鼠体长约 22cm，体背面棕褐色，尾毛密长而且蓬松，四肢及前后足均较长，但前肢比后肢短。耳壳发达，前折时可达眼，松鼠为树栖、日行性动物，以晨昏最为活跃，尾巴差不多与身体一样长是它最大的特点。图 7-35 为松鼠的图片，图 7-36 为松鼠的跳跃动作简笔画，图 7-37 为各种形态的松鼠造型。

图 7-35 松鼠

图 7-36 松鼠的跳跃动作

图 7-37　各种形态的松鼠

练一练

老鼠与松鼠的体态相似，但神态不同，根据各自的神态演化装饰化造型。

9. 牛的造型

牛在家畜当中体积较大，身体呈长方形。给人以脾气较倔的感觉，在人们常见的动物中地位较权威。

图 7-38 为牛的图片，图 7-39 为牛的画法，图 7-40 为不同形态的牛。

图 7-38　牛

图 7-39　牛的画法

图 7-40　不同形态的牛

10. 羊的造型

羊听觉灵敏，喜安静，怕惊吓，是食草动物。图 7-41 为羊的图片，图 7-42 为羊的简笔画画法，图 7-43 为不同形态的羊。

图 7-41　羊

图 7-42　羊的画法

图 7-43　不同形态的羊

练一练

根据牛、羊各自的特点进行装饰化造型。

11. 狼的造型

狼属于犬科动物，狼机警、多疑，形态与狗很相似，只是眼较斜，口稍宽，尾巴较短且从不卷起并垂在后肢间，耳朵竖立不曲，有尖锐的犬齿，狼的视觉、嗅觉和听觉十分灵敏，狼的毛色有白色、黑色、杂色等。图 7-44 和图 7-45 分别为狼的图片和狼的简笔画造型。

图 7-44　狼

图 7-45　狼的简笔画造型

12. 狐狸的造型

狐狸的行动敏捷，善于奔跑，嗅觉和听觉特别灵敏。图 7-46 为狐狸的图片，图 7-47 为狐狸简笔画形象的绘画步骤，图 7-48 为不同形态的狐狸形象。

图 7-46　狐狸

图 7-47　狐狸的绘画步骤

图 7-48　各种形态的狐狸

图 7-48　各种形态的狐狸（续）

练一练

1. 临摹狼、狐狸的装饰化造型。
2. 创作主题画"乌鸦与狐狸"。
要求：可用拟人化的手法表现动物之间的动态。

13. 熊的造型

熊的体形笨拙，外形多曲线，体圆，呆中寓精，动作迟缓多趣。图 7-49 为熊的图片，图 7-50 为不同形态的小熊，图 7-51 为小熊捉迷藏简笔画。

图 7-49　熊

图 7-50　不同形态的小熊

图 7-51　小熊捉迷藏

14. 老虎的造型

　　虎生活在深山老林中，是一种猛兽。形体厚实，四条腿很有力，行走起来步子非常稳健、流畅。造型时先从头部、颈、背、尾画出一条有规律而又流畅的主要线条，然后再画其他部位的线条。图 7-52 为虎的图片，图 7-53 为不同形态的虎的简笔画造型。

图 7-52　虎

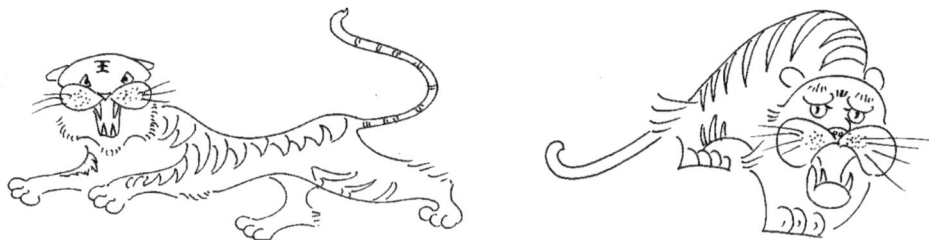

图 7-53　虎的简笔画造型

练一练

　　1. 临摹熊、虎的装饰化造型。

　　2. 根据熊头部俯仰变化增加身体的动态。

第四节 水族鱼类动物简笔画（包括水陆两栖）

1. 鱼的造型

作为水族类的鱼，外观整体结构为头部、身部和尾部，其次为上鳍和下鳍，造型时也是和其他动物造型一样，首先要用各种几何形去归纳鱼的各个部位，然后再用比较连贯的线条去连接归纳。图7-54为鱼的图片，图7-55为鱼的简笔画造型。

图 7-54 鱼

图 7-55 鱼的简笔画造型

2. 龟的造型

图7-56为龟的图片，图7-57为龟的简笔画造型。

图 7-56 龟

图 7-57　龟的简笔画造型

3. 青蛙的造型

图 7-58 为青蛙的图片，图 7-59 为青蛙的简笔画造型。

图 7-58　青蛙

图 7-59　青蛙的简笔画造型

练一练

1. 临摹资料上的各种水族动物造型。

2. 创作一幅主题为"水陆一家亲"的场景画。

要求：

1）有水下动物和水陆两栖动物形象。

2）构图完美。

3）添加色彩。

第五节 | 草虫简笔画

简笔画中常画的草虫，只是世界上约 100 万种昆虫中的极少部分。它们大多是生活中常见，形态美好，或鸣声悦耳，或有一定情趣的小虫，如蝴蝶、蜻蜓、纺织娘、螳螂、蜂，等等。它们的形体色彩很不相同，但是其结构是基本相同的，即六足四翅，身躯由头、胸、腹三部分组成。一般来说，善跳跃的，后肢强壮；善飞的，翅膀强劲。各种昆虫如图 7-60 所示。

图 7-60　各种昆虫

简笔画昆虫绘画技巧：

1）翅膀大的昆虫，可以先画翅膀，后画头、胸、腹、足各部分，如图 7-61 所示。

步骤一　　　　　　　　步骤二　　　　　　　　步骤三

图 7-61　翅膀大的昆虫绘画步骤

2）无翅膀的昆虫先画头部，后画胸腹部，最后添足，如图 7-62 所示。

步骤一　　　　　　　　步骤二　　　　　　　　步骤三

图 7-62　无翅膀的昆虫绘画步骤

图 7-63 ～图 7-67 提供了各种昆虫以及形象组合简笔画的范例，以供参考。

图 7-63　蝴蝶

图 7-64　各种昆虫

图 7-65　形象组合

图 7-66 花卉上点缀草虫增加生活情趣

图 7-67 各种昆虫拟人形象简笔画

练一练

1. 临摹你喜欢的昆虫 10 只。

2. 参考作品范例进行画面组合练习 3 ~ 4 幅。

实训练习

随着课程递进，我们学的动物形象越来越多了，创作练习选择的余地也更大了。下面我们来练习一下。

试一试创作以下几个主题画：

（1）小猫钓鱼

（2）我是好孩子

（3）我们都是好朋友

要求：

1）画面故事情节完整。

2）画面中的动物形象可爱，装饰感强。

3）线条优美流畅。

第 八 章

人物简笔画

第一节 | 人物简笔画的简述

　　人物简笔画是把要描绘的人物动态表情用最少的线条来表现的绘画，如把头用正圆形来概括，躯体用椭圆形来概括，四肢用单线来概括，双眼用点来概括，鼻子和嘴用线来表现，这种画法便是人物简笔画，它是简笔画的一个重要内容。

　　1. 简笔人物画的基础知识

　　人物由头、躯干和四肢组成，成人的身高一般为自身的七个头高（站立时），而儿童头的比例偏大，一般四五个头高就可以了。五官比例，成人的五官可概括成"三庭五眼"。"三庭"是指发际至眉毛，眉毛至鼻子，鼻子至下额等分成的"三庭"。"五眼"是面部横向从左耳至左眼，从左眼至右眼，从右眼至右耳，三个距离均为一眼等距离，加上两只眼距正好是"五眼"距离。儿童的五官要比成人的五官集中，特点是脑袋大，五官集中在头的下半部分。

　　2. 简笔人物画的特点

　　简笔人物画的特点可以概括为：

　　1）线条简洁概括。

　　2）人物动态夸张。

　　3）五官表情传神。

第二节 | 人物简笔画的表现方法

　　1. 头像表现方法

　　用圆形、半圆形、三角形来表现人物头像，如图 8-1 所示。

图 8-1　用图形表现头像

2. 头像画法步骤

头像的画法步骤如图 8-2 所示。

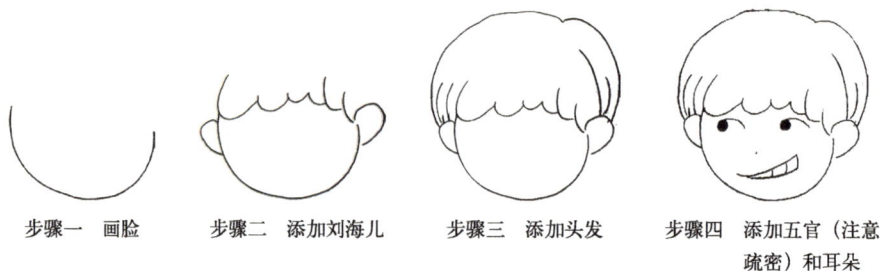

步骤一 画脸　　　步骤二 添加刘海儿　　　步骤三 添加头发　　　步骤四 添加五官（注意疏密）和耳朵

图 8-2　头像画法步骤

3. 儿童五官俯仰变化

儿童五官俯仰变化如图 8-3 所示。

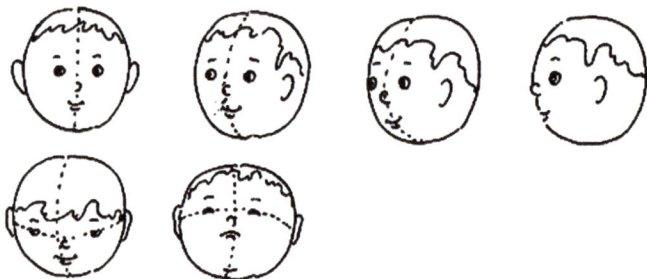

图 8-3　儿童五官俯仰变化

4. 儿童各种脸型

儿童各种脸型的画法如图 8-4 所示。

图 8-4　儿童的各种脸型

5. 人物五官与表情变化

人的心情有喜、怒、哀、乐，心情的变化都表现在面部表情上，面部表情的笑、哭、惊、怒都要经过五官的变化来表现。笑的表情如图 8-5 所示，哭的表情如图 8-6 所示，惊和怒的表情如图 8-7 所示。

图 8-5　人物的五官表情——笑

图 8-6　人物的五官表情——哭

图 8-7　人物的五官表情——惊和怒

练一练

1. 临摹各种人物头像 12 个。

2. 头型不变通过改变五官形状作改变表情练习 6 个。

6. 人体结构与比例

　　人体结构分四大部分：头、身子、上肢、下肢。人体的比例一般以头为标准。把全身的高度和头做比较。成人全身约为七个头高。躯干约为两个半头。两臂左右平伸时，两手距离等于全身高度。1～3岁时全身只有四个头长，5～6岁五个头长，16岁时才接近成人比例。男女形体不同：男肩宽、臀窄呈倒梯形；女肩窄、臀宽呈正梯形。如图8-8所示。

图8-8　人体结构与比例

7. 儿童体态特征

　　儿童体态特征如图8-9所示。

图8-9　体态特征：年幼天真活泼、头大身小

8. 动态变化

　　人体的动态变化，坐、蹲、爬等如图8-10所示。

图 8-10 动态变化：坐、蹲、爬

9. 儿童动态画法步骤

1) 线条动态画法步骤，如图 8-11 所示。

图 8-11 线条动态画法步骤

2) 形体动态，站、坐、运动的画法步骤，如图 8-12 ～图 8-14 所示。

图 8-12 站

图 8-13 坐

图 8-14　运动

10. 根据各种不同的动态逐渐增加训练难度

逐渐增加难度的动态形体，打球、画画、玩游戏等的画法如图 8-15 所示。

图 8-15　逐渐增加难度的动态形体

11. 画面组合：在简单的动态人物周围添加景物形成有趣的画面组合

相同的动态添加不同的道具、背景形成不同的画面效果，如图 8-16 所示。

图 8-16　画面组合

实训练习

1. 临摹各种人物头像 10 个。
2. 头型不变通过改变五官形状作改变表情练习 6 个。
3. 根据图 8-17 中的参考形象试着重新组合画面作练习 1 幅。
4. 临摹单个人物形象 10 个。
5. 临摹组合人物 5 组。
6. 进行单个儿童人物写生练习 5 个。

图 8-17 不同的画面

 作品范例

第 九 章

简笔画创编

　　幼儿绘本阅读是幼儿园教学活动中比较常见的教学方法之一。由于教学需求的不同，需要教师根据幼儿的实际情况，来进行教学设计。有时由于教学情况的特殊性，往往在市面上找不到具有针对性的绘本。这就需要幼儿教师学会创编简笔画。

　　幼儿的特点是喜欢通过看图来认识事物，图像比文字要重要得多。运用图像开展教学活动的优势不仅在于激发幼儿的兴趣、帮助认知，也可以充分发挥图像的审美作用。而运用简笔画的方法来创编教学图像资料很适合幼儿教师的实际，此外，简笔画的表现方法也常常运用于幼儿园的环境布置中。因此幼儿教师要学会简笔画创编。

一、简笔画创编总体要求

　　1）简笔画主题内容选择要适合幼儿认知水平。选择主题内容要与幼儿年龄的认知特点相适应，尽可能选择与幼儿生活接近的内容，幼儿喜欢的内容，以适应幼儿的需要。

　　2）简笔画形象造型、色彩要符合幼儿的审美特点。大多数幼儿喜欢夸张变形、拟人化、童趣化的形象造型，喜欢色彩鲜艳、活泼、明亮的形象，在简笔画造型和色彩运用上符合幼儿的审美趣味，可激发幼儿的兴趣和喜爱。

　　3）构图合理。构图是创编一幅简笔画作品最重要的一步，把构图做好，这幅作品就等于成功了一半。一般简笔画构图是平面式构图居多，不追求立体感、空间感。在构图上，要根据画面的主体形象、近景、中景、远景、道具等做好综合安排，一般主体形象安排在画面的突出位置，处在近景或者中景的位置，但不一定处在正中心位置，如图9-1所示。要充分运用景物配合主体形象，如远山、白云、树木、房子等，丰富画面内容。景物的安排要近大远小，使画面产生层次感。简笔画创编过程中的构图如图9-2所示。

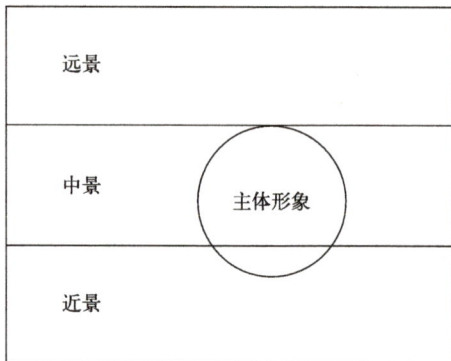

图 9-1　主体形象与空间布局

图 9-2　简笔画构图示例

二、简笔画创编方法

根据幼儿教学活动需要，简笔画创编一般可分为单幅简笔画创编和多幅简笔画创编。

（一）单幅简笔画创编

表现一个简单的内容、一个形象、一个情节可用单幅式的简笔画。此外，有时根据需要，一个故事也可以用一幅简笔画来表现其中心内容，如图 9-3 ～图 9-15 所示。

具体要求：

1）选取最能恰当表现情节内容，而且能适合运用简笔画方法表现的场景、角度。

2）抓住主体形象特定表情的面部变化、体态变化特点。

3）注意处理主体形象与道具、场景之间的关系。

4）用单幅的形式表现一个故事内容，应该选择能反映故事中心内容的情节。

表现情节性的简笔画作品范例如图 9-3 ～图 9-6 所示。

图 9-3　荷叶上的青蛙呱呱叫

图 9-4　唱歌的小猪

图 9-5　小鸡一家

图 9-6　小白兔爱吃萝卜

拟人化、表情、体态变化的简笔画创编作品范例如图 9-7 ～图 9-11 所示。

图 9-7　小熊的自我介绍

图 9-8　小牛打招呼

图 9-9　欢快的小猪

图 9-10　吃惊的小老虎

图 9-11　表情丰富的男孩女孩

以幼儿故事为内容的单幅简笔画创编作品范例《小猫钓鱼》如图 9-12 所示。

图 9-12 小猫钓鱼

（二）多幅简笔画创编

表现一个故事内容或者一个完整的内容，如果一幅画往往不能充分说明问题，可用多幅简笔画的形式来表现，也称为连环图。

1. 多幅简笔画创编的镜头设计

一个故事的情节内容有时会比较复杂，场景多、形象多，用几幅画来表现这个故事内容，每一幅画就是一个镜头，几幅画按故事的发展顺序连接起来就是一个完整的故事。每个故事在什么地方设计的镜头，这是做好构图的重要依据。一般可以从以下几个方面设计镜头。

1）从故事的阶段入手。

2）从场景的转换入手。

3）从不同的情节入手。

4）从角色的变换入手。

5）从不同的内容入手。

2. 多幅简笔画创编的过程与方法

【案例一】 某幼儿园老师为了教学的需要，根据《小猫钓鱼》的故事创编四幅简笔画，看一看她是怎样完成任务的。创编过程如图 9-13 ～图 9-15 所示。

小 猫 钓 鱼

老猫和小猫一块儿在河边钓鱼。

一只蜻蜓飞来了。小猫看见了，放下钓鱼竿，就去捉蜻蜓。蜻蜓飞走了，小猫没捉着，空着手回到河边来。小猫一看，老猫钓着了一条大鱼。

一只蝴蝶飞来了。小猫看见了，放下钓鱼竿，又去捉蝴蝶。蝴蝶飞走了，小猫又没捉着，空着手回到河边来。小猫一看，老猫又钓着了一条大鱼。

小猫说："真气人，我怎么一条小鱼也钓不着？"

老猫看了看小猫，说："钓鱼就钓鱼，不要这么三心二意的。一会儿捉蜻蜓，一会儿捉蝴蝶，怎么能钓着鱼呢？"

小猫听了老猫的话，就一心一意地钓鱼。

蜻蜓又飞来了，蝴蝶又飞来了，小猫就象没看见一样。一会儿，小猫也钓着了一条大鱼。

创编构思与步骤：

（1）读熟故事，理解内容

（2）构思

根据故事内容，找出四个关键点和情节，以关键点和情节为依据构思四幅画。

1）第一至第三自然段讲的是老猫与小猫钓鱼中两种态度和行为的对比，可归纳为一个情节。

第一幅画构思：

场景：远处有山、树木、草坡，近处有河，河边有小草小花，有蝴蝶飞。

情节：河边老猫正在聚精会神地钓鱼，专注于河面的动静，水面的圆形涟漪说明有鱼正在上钩；而小猫在此时却丢下钓鱼竿，转身往山坡上追蝴蝶，丢在河边的钓鱼竿虽然鱼钩放在水里，但水面没有圆形的涟漪，说明水下鱼钩没有任何动静。

2）第四、第五自然段是故事的转折点，小猫钓鱼的态度在这里得到转变，可设置为一个情节内容。

第二幅画构思：

场景：与第一幅画的场景相同。

情节：小猫追蝴蝶空手归来，看见老猫钓着一条大鱼，用手摸着自己的头不明白地问老猫，自己为什么钓不着鱼？老猫边抓着钓上来的鱼边说"钓鱼不能三心二意"。

3）第六自然段到第七自然段的第一句话讲的是小猫专心钓鱼的情景，可设置一个情节。

第三幅画构思：

小猫听了老猫的话，专心地钓鱼，眼睛注视着水面的动静，旁边的蝴蝶飞来飞去小猫也不分心。老猫正在做什么？我们可以进行联想、创造，扩展故事内容。老猫站在远处看着小猫专心钓鱼的样子，露出满意的笑容，竖起大拇指赞扬小猫。这样的创造可以深化主题内容，使内容在教学活动中对幼儿更具有深层的教育意义。

4）第七自然段的最后一句话是故事的结局，可设置一个内容。

第四幅画构思：

场景：与第一至第三幅画的场景相同。

情节：小猫站稳脚跟，高高扬起钓鱼竿，一条大鱼带着水珠被钓上来，小猫发出了惊喜的笑声。为了突出小猫的形象，在这里可以把老猫放在画面之外。

（3）设计老猫和小猫的形象特点

在造型上运用拟人化的造型手法，以适合幼儿的审美特点。老猫的身体比小猫高。确定老猫、小猫不同的服饰样式、不同的色彩。小猫的衣服色彩用红色、橙色，以表现小猫的年龄段对鲜艳色彩的喜爱。

（4）根据画面构思画草图

图 9-13　根据画面构思草图

（5）肯定画稿，并勾线条

大幅画可用马克笔，小幅画用笔尖 1mm 的水性笔勾线。

图 9-14　勾画线条

（6）上油画棒色彩，完成创编

图9-15　油画棒上色

【案例二】 针对教育幼儿不要挑食与偏食的小故事《挑食的小兔》，创编多幅简笔画，创编过程如图9-16～图9-21所示。

挑食的小兔

　　兔妈妈每天为小兔子准备白菜、胡萝卜等蔬菜，还有黄豆和玉米。可是小兔子不喜欢吃蔬菜，每次吃饭的时候，小兔子都迫不及待地跑过去挑黄豆和玉米吃。兔妈妈说："虽然黄豆和玉米有营养，但是要和蔬菜一起吃对身体才好呀！"小兔子生气地说："我不喜欢吃蔬菜。"说完又开始挑黄豆和玉米吃。

　　日子久了小兔子的身体越来越差，经常地生病，牙龈也经常出血，身体一天天消瘦，浑身没有一点力气。兔妈妈看见了非常着急，就把小兔子送进了医院，请猴大夫检查。经过检查询问，猴大夫很快检查出了小兔子的疾病是由于缺乏蔬菜导致的，猴大夫让小兔子多吃蔬菜和水果。

　　小兔子听了猴大夫的话不再挑食了，渐渐地，小兔子的身体变得越来越强壮。

创编构思与步骤：

（1）从教学内容中选择合适的形象

1）要选择主角，用"胡萝卜"的形状画出二等分比的拟人化形象。

图 9-16　选择主角

2）选择配角，教学内容中出现的非主要的形象。

图 9-17　选择配角

（2）细节的刻画

1）主要形象的细节，在"胡萝卜人"的基础上，加上表情、服饰、动作等，配合故事的内容。

图 9-18　细节的刻画

2）根据内容进行夸张。

图 9-19　夸张表现

（3）根据情节安排合理的构图

图 9-20　合理构图

（4）完成故事创编

图 9-21　涂色并完成创编

图 9-21 涂色并完成创编（续）

【案例三】 幼儿故事《公鸡与狐狸》简笔画创编，创编过程如图 9-22 和图 9-23 所示。

公鸡与狐狸

　　一天晚上，公鸡飞到树上睡觉。他三次抖动羽毛，振动翅膀。但是，当他正要把头埋进翅膀下时，公鸡发现红光一闪，有个东西在谷仓后移动。他再一看，发现狐狸站在树下。

　　"晚上好，公鸡。"狐狸说，"你听到那个好消息了吗？"公鸡怕狐狸，但是他尽量不显露出来。"消息？"他镇定地问："什么消息？"

　　"嗨，所有的动物都已经同意要相互爱护啦。"狐狸说。"哦，是真的吗？"公鸡说，并努力让声音听起来很愉快。

　　"真的。"狐狸说，"从现在开始，我们都将成为朋友，不再争斗，不需再害怕。我们可以快乐地生活在一起。那样不美妙吗？""嗯，这是个绝好的消息，狐狸。"

　　"是啊，所以你为何不从那棵树上下来，这样我就可以热烈地拥抱你了吗？"但是公鸡并未飞下来，而是踮起脚尖向上伸着脖子，好像在看远处的什么东西。

　　"你在看什么，公鸡？"狐狸问道。"我看到农夫的两只狗正急匆匆地向这边赶来。"公鸡说，"也许他们想告诉我们……"

　　"你是说狗吗？"狐狸叫嚷道，"再见，公鸡。我忘记了……我还有一些重要的事情要处理。"说着就转身跑开了。

　　"等等！"公鸡叫道，"你要去哪儿？狗现在是我们的朋友。难道你不想也热烈地拥抱他们吗？"

"不，谢谢！"狐狸大声回应道，"也许他们还没有听说这个好消息呢。"他头也不回地跑过了牧场。

公鸡暗自笑了。"真是个热烈的拥抱！"他心中暗想，"就算我能扔动农夫的拖拉机，我也不相信狐狸的话。"接着他便把头埋到翅膀里开始睡觉。

《公鸡与狐狸》创编构思与步骤：

1）故事的文字材料虽然比较多，但只有两个片段。第一个片段讲的是狡猾的狐狸用甜言蜜语骗公鸡从树上下来交朋友，以让公鸡成为自己的猎物；第二片段讲的是公鸡足智多谋，也骗狐狸说"有狗正急匆匆地向这边赶来"，狐狸怕狗，听说有狗来，借口逃走。根据两层意思，设置两幅简笔画已足够表现内容。

2）场景是夜晚，有星星、月亮、树木、草坪等，其他可以省略。

3）在造型上可以运用拟人化的手法，避免由于写实难于表现狐狸、公鸡的结构，使造型更有自由度，形象也适合幼儿的审美趣味。

4）在色彩上，大场景使用冷色，狐狸与公鸡运用暖色，大协调小对比，使色彩鲜艳、活泼。

图 9-22　片段一：狐狸骗公鸡

图 9-23　片段二：狐狸落荒而逃

实训练习

1. 看图理解，说一说是什么内容。

2. 根据以下情节创编简笔画。

（1）小虎扫地　　　（2）玩球的小猪　　　（3）小猴搬西瓜

（4）小兔和小猫拔萝卜　（5）吹泡泡的小朋友　（6）放风筝的小朋友

3. 根据以下幼儿歌谣、幼儿故事创编多幅简笔画。(歌谣、故事均来自于网络)

(1)《红月亮》

小弟弟,画月亮,画好月亮拍手唱;我的月亮红又红,好像太阳一个样!

(2)《太阳公公》

太阳公公起得早,他怕宝宝睡懒觉,爬上窗口瞧一瞧,咦,宝宝不见了! 宝宝正在院子里,一二三四做早操,太阳公公眯眯笑,宝宝是个好宝宝。

(3)《眼睛》

爸爸高兴,眯起眼睛。爸爸生气,瞪着眼睛。爸爸苦恼,闭起眼睛。

(4)《小熊过桥》

小熊小熊来过桥,走到桥边瞧一瞧,山羊公公走来了,"山羊公公您先行!"小熊真是有礼貌。

(5)《啄木鸟与大树》

在一片绿油油的小山上,长着一棵枝繁叶茂的大树。

一只小啄木鸟飞来了,他看了看大树说:"你生病了,要马上治疗。"

大树微笑着说:"我的身体好着呢,你看我身上长的树叶多得数不清,不可能生病的。"啄木鸟说:"虫子藏在树皮下面,你不治的话就来不及了。"大树摇摇头说:"不听,不听!你马上走吧!"啄木鸟只好飞走了。

过了两三天,大树上虫子越来越多,大树的叶子也开始落了,它呻吟着。

啄木鸟听见了飞过来说:"你不听我的话,后果严重了吧。"大树着急地说:"啄木鸟,快救救我吧,我不行了。"啄木鸟听了,马上在大树上打了一个小洞,把小洞里的虫子吃了个精光。大树感觉好多了,过了一段时间,大树又长出了很多叶子。大树亲切地对啄木鸟说:"谢谢你治好了我的病。"

后来,大树和啄木鸟成了好朋友。大树有了什么病,啄木鸟就帮他治病。

啄木鸟还把大树当成了自己的家,天天住在树上。他们两个每天都玩得很高兴。

(6)《下雨的时候》

小白兔在草地上蹦蹦跳跳,一会儿看看花,一会儿采采蘑菇,玩得真高兴啊! 忽然,下起雨来了,小白兔急忙摘了一片大荷叶当作伞,这下可淋不到雨啦!小白兔走啊走,看到前面一只小鸡被雨淋得"叽叽"直叫。 小白兔连忙说:"小鸡,小鸡,快到荷叶伞下躲躲雨吧!"

小鸡说:"谢谢你,小白兔。"说着,就钻到荷叶底下,和小白兔一起顶着大荷叶往前走。一只小猫在雨中"喵喵"直叫,小白兔和小鸡一起说:"小猫,小猫,快到荷叶伞下躲躲雨吧!"

小猫说:"谢谢你们。"说着,就走到荷叶底下。

大荷叶下,三个小动物紧紧地靠在一起,一点雨也淋不到了。

不一会儿,雨停了,太阳出来了。小白兔、小鸡和小猫三个好朋友一起做游戏,玩得真高兴啊。

主要参考文献

潘春华，董明 . 2008. 简笔画 . 北京：高等教育出版社 .

徐绍田 . 2012. 美术（第二版）. 北京：科学出版社 .

www.wangxiao.cn

www.jianbihua.cc

www.051661.com

www.tiantianxuexi.com